ドラゴンは爬虫類《はちゅうるい》

骨格と進化から
読みとく
伝説動物の図鑑

川崎悟司

大和書房

はじめに

突然ですが、ドラゴンはどんな動物の仲間かなんて考えたことはありますか？

ドラゴンといってもゲームや映画、伝説や神話などによって異なる姿やかたちをしていますし、東洋のドラゴン（青龍《せいりゅう》）と西洋のドラゴンといっただけでも見た目からずいぶんと違います。

それらファンタジーに登場するドラゴンの姿をもとに、**「どんな骨格か」「どんな進化を遂《と》げればそのようになるのか」をあえて生物進化と動物解剖のリアルな視点から考察し彼らの生態にせまっていく**のが本書です。

ちなみに、今現在わかっている動物の進化の過程などを踏まえると「ドラゴンは爬《は》虫類《ちゅうるい》」と考えられます。

しかし東洋のドラゴンでは「ワニ」に近い爬虫類、西洋のドラゴンでは「トリ」に近い爬虫類から派生しており、同じドラゴンでもその進化の仕方は異なります。

想像上の東洋の
ドラゴン（青龍）

本書ではドラゴンだけではなく、ユニコーンやペガサス、ケンタウロスなどの神話や伝説に出てくる動物や、アマビエや河童《かっぱ》、人魚やツチノコなどの昔から目撃されたりいい伝えられてきたりした妖怪や未確認生物など、計23体の幻想の動物を紹介しています。

想像上の西洋のドラゴン

あくまでも筆者の私見による考察なのでそこはご了承いただければ幸いですが、動物たちの進化の不思《ふし》議《ぎ》やおもしろさを存分に味わっていただければと思います。

それでは伝説の動物たちの進化の可能性をひもといていきましょう。

川崎　悟司

想像上の人魚

伝説の動物 全系統図

本書で紹介する全23体の伝説の動物たちがどのようにして進化してきたのかが一目でわかるようになっています。気になった伝説動物からぜひページを開いてみてください。

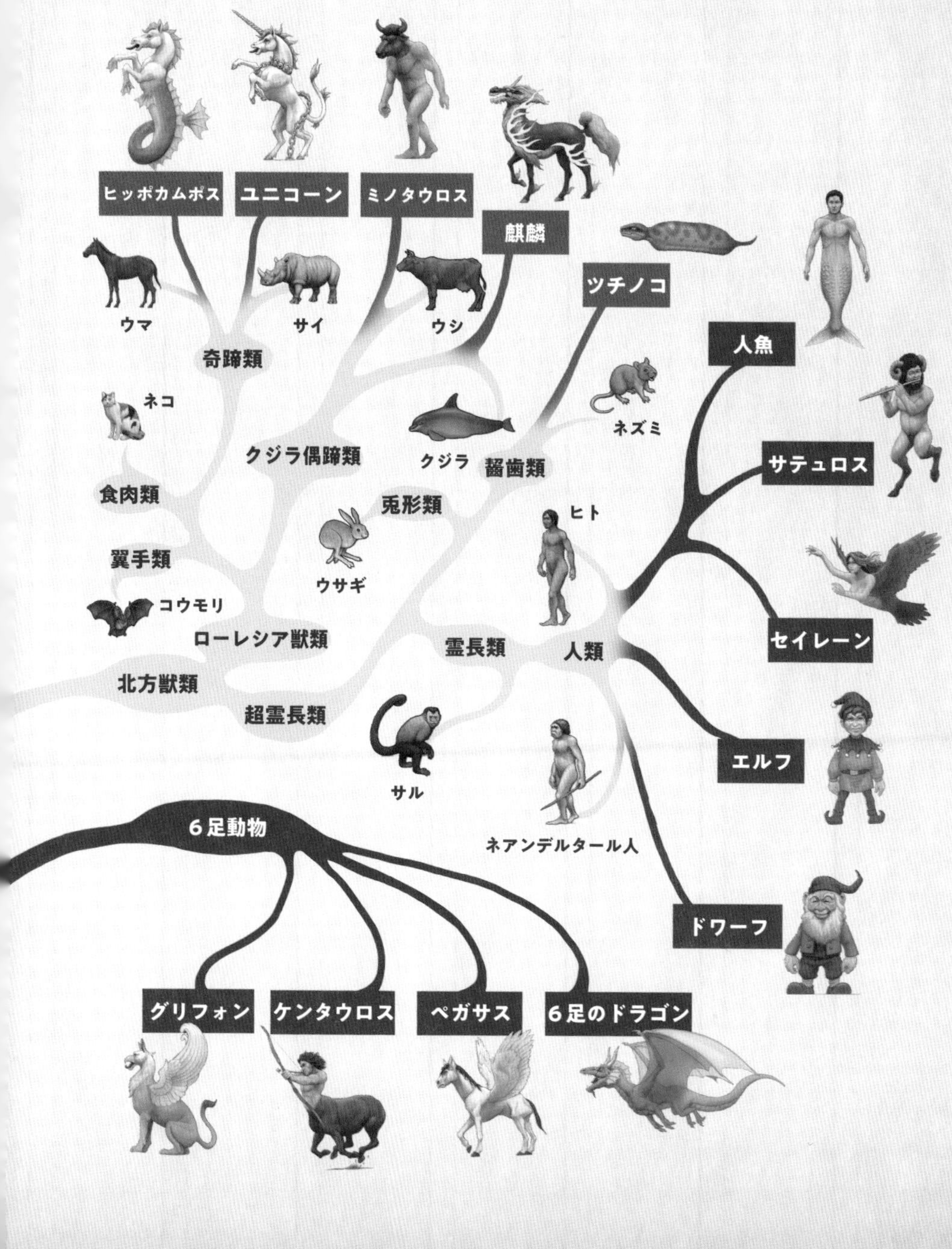
ヒッポカムポス
ユニコーン
ミノタウロス
麒麟
ツチノコ
ウマ
サイ
ウシ
奇蹄類
ネコ
クジラ偶蹄類
クジラ
齧歯類
ネズミ
人魚
サテュロス
食肉類
兎形類
ウサギ
ヒト
翼手類
コウモリ
ローレシア獣類
霊長類
人類
セイレーン
北方獣類
超霊長類
サル
エルフ
ネアンデルタール人
6足動物
ドワーフ
グリフォン
ケンタウロス
ペガサス
6足のドラゴン

動物の進化について

ここでは動物の進化を語る上では欠かせないような言葉や知識を紹介します。考察に入る前に読んでおくとちょっと理解が深まるページです。全ページの系統図とあわせて読むとより本書を楽しんで読めます。

脊椎動物《せきついどうぶつ》

脊椎とはおおまかにいうと「背骨」のことをいいます。つまり脊椎動物には必ず背骨があるということです。背骨によって体を支えられている骨格であり、背骨のまわりには頭の骨や肋骨、足の骨などさまざまな骨があります。ちなみに前ページの系統図に書かれている動物はすべて脊椎動物で、その系統図となっています。脊椎動物で最初に現れたのが水中にすむサカナです。

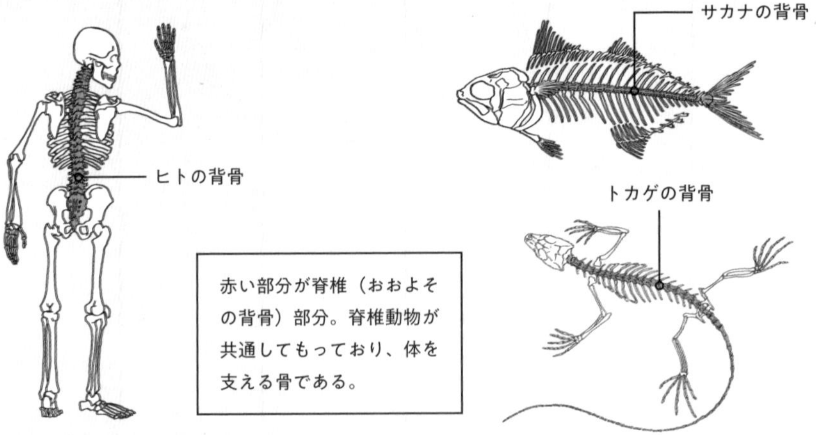

赤い部分が脊椎（おおよその背骨）部分。脊椎動物が共通してもっており、体を支える骨である。

肉鰭類《にくきるい》

サカナのなかの1グループのことをいいます。もちろん脊椎動物です。シーラカンスなど有名ですよね。誤解を恐れずいうなら、陸にすんでいるほとんどの脊椎動物の進化のもとといわれています。わたしたち人間ももとをたどればこの肉鰭類から進化したのです（何億年も前のことですが……）。

4足動物

肉鰭類はサカナですが、そのサカナの複数のヒレを４本の足に変化させたのがこの４足動物です。陸にすんでいるほとんどの脊椎動物が４足動物といえます。イヌやネコ、ウシやウマ、ゾウやカンガルー、ワニやカメ、トカゲも４本の足をもつ動物です。わたしたち人間も２本の足で立っていますが、２本の腕は何を隠そう２本の前足を進化させたものなのです。

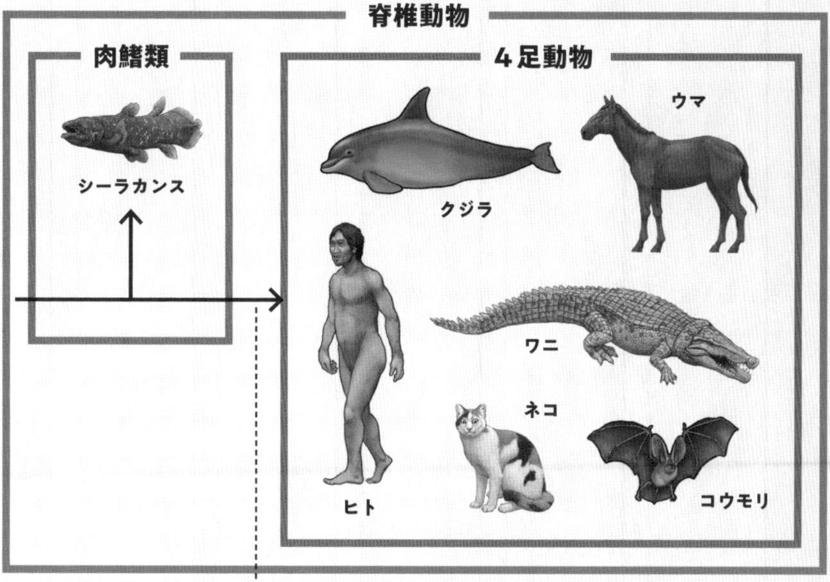

地上にいるたいていの脊椎動物はこの肉鰭類から進化し今の姿になりました。そのなかには4足で歩く動物もいれば、足を変化させてヒレや翼に変えた動物、前足を手腕にし直立歩行になったわたしたち人間がいます。本書で紹介する伝説の動物たちもこの肉鰭類からどのような進化をくりひろげたのかということを考察していきます。ファンタジーの世界からリアルの世界に彼ら幻想の動物たちがでてきたとき、どのような姿になるのかをどうぞお楽しみください。

ドラゴンは爬虫類

目 次

PART 1
爬虫類から進化した 伝説の動物たち

PART 2
哺乳類から進化した 伝説の動物たち

PART 3
人類の進化を秘めた 人型の伝説動物たち

PART 4
6足動物へと進化した 伝説の動物たち

PART1

西洋のドラゴン
玄武
ワイバーン
コカトリス
プテラノドン
ドラゴンの仲間
青龍（東洋のドラゴン）
鳥類
翼竜
ワニ
恐竜
河童
トリケラトプス
カメ
主竜類
鱗竜類
爬虫類
カエル
有羊膜類
トカゲ
ヘビ
シーラカンス
両生類
4足動物
肉鰭類

爬虫類から進化した伝説の動物たち

～それは伝説動物の誕生の瞬間～

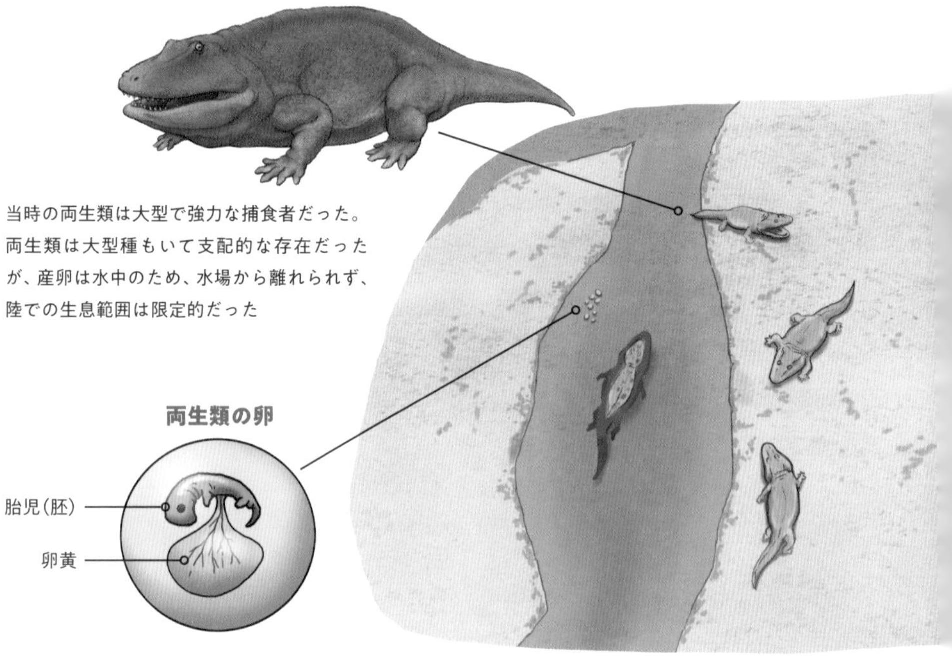

今からおよそ3億年前、両生類《りょうせいるい》から分かれて進化した爬虫類《はちゅうるい》が登場しこの進化によって両者の間に大きな違いが生まれます。

それは水中で卵《たまご》を産むか、地上で卵を産むか、です。

現在のカエルやイモリなどの両生類は水中で産卵するのに対し、ヘビやトカゲなどのたいていの爬虫類は地上で産卵します。

海に生活の場を変えたウミガメも爬虫類の仲間ですが、わざわざ砂浜にあがり、陸上で産卵しますね。

なぜ地上に卵を産めるのか。

爬虫類の卵のなかは羊水《ようすい》で満たされた羊膜《ようまく》があり、これはいわば水中カプセルのようなもので、そのなかで胎児《たいじ》（胚《はい》）が孵化《ふか》するまで育つようになっています。

爬虫類の進化の歴史について

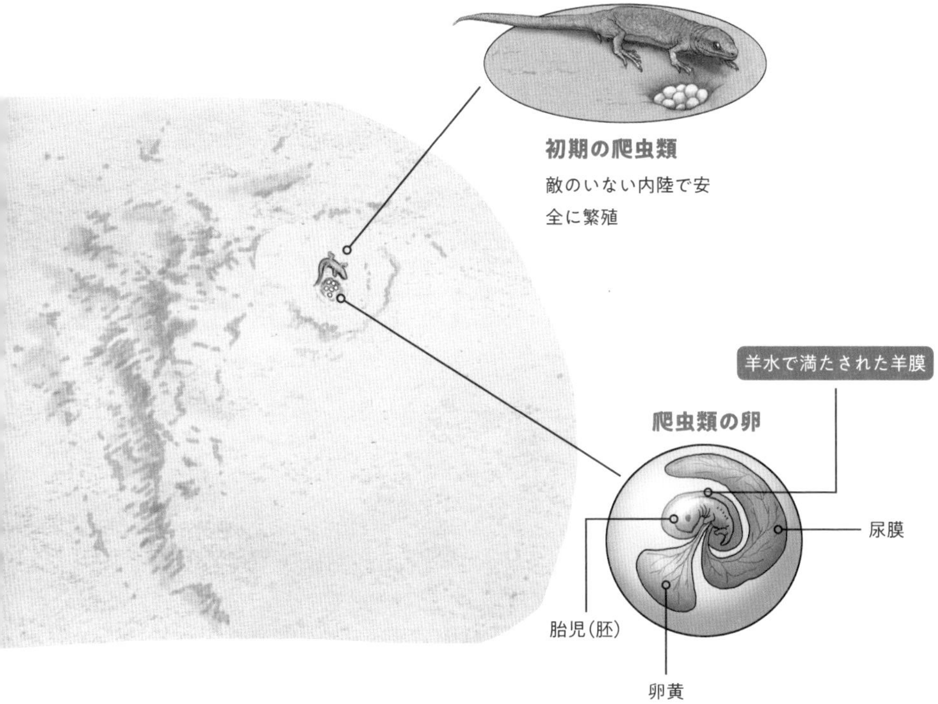

　このおかげで地上でも胎児（胚）を乾燥から守ることができるので必ずしも水のなかで卵を生む必要がないわけです。

　当時の地上を支配していた両生類は全長２メートルを超えており、大きな口にはするどいキバがならぶ強食者が数多くいました。

　はじめて地球上に現れた爬虫類はまだ数十センチメートルのサイズの小さな生き物だったので水場で生き残るのはとても大変だったのです。

　しかし両生類は水中でしか繁殖《はんしょく》できないため、生涯において水場の環境から離れることができません。

地上で産卵できるようになった初期の爬虫類は、水場にいる両生類を避け陸地のほうで安全に生活できます。

　その結果、ひろい範囲で繁殖できるようになったのです。

多様な進化を遂げた爬虫類

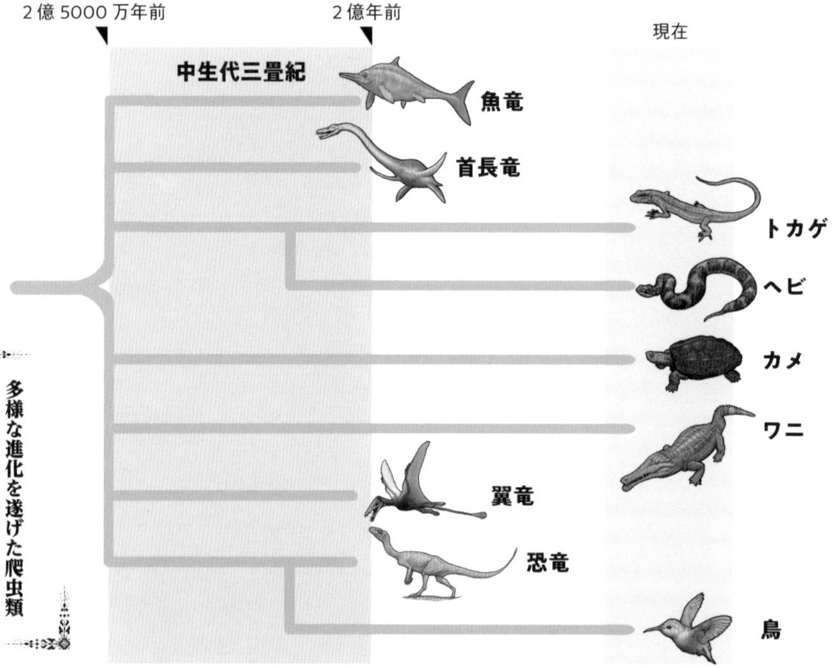

さらなる内陸へ進んだ爬《は》虫類《ちゅうるい》たちは、その多様な環境に適応していき、その結果さまざまな種が現れるようになり、その後の中生代三畳《ちゅうせいだいさんじょう》紀《き》（おおよそ２億5000万年前から２億年前まで）という時代は「爬虫類の時代」ともいわれるほど、世界で支配的なグループとなります。

三畳紀では今のユーラシア大陸や南米大陸などすべての大陸がひとかたまりになっていました。

海からとても離れた内陸部は激しく乾燥していたことでしょう。

かたいウロコで身をまとった、乾燥に強い爬虫類にとっては両生類のいない内陸は住みごこちのよい世界だったはずです。

爬虫類は地上だけではとどまらず、水のなかにはイルカのような体形の「魚竜《ぎょりゅう》」やネッシーの正体ともよくいわれる「首長竜《くびながりゅう》」（これらを海《かい》生《せい》爬《は》虫類《ちゅうるい》といいます）、また空を飛翔するまでになった「翼竜《よくりゅう》」、現存しているワニやカメもこの時代に生まれました。

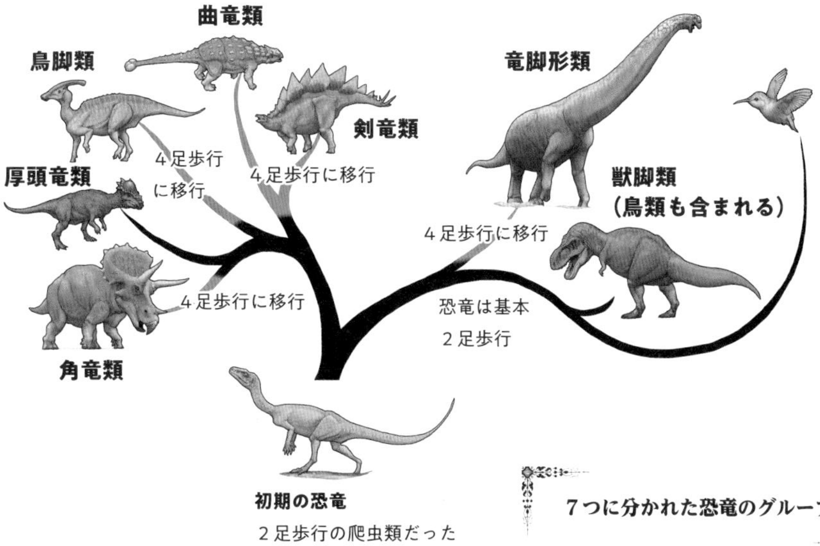

7つに分かれた恐竜のグループ

そして2足の身軽な爬虫類から進化した「恐竜《きょうりゅう》」もこの時代に現れたのです。

その後の時代のジュラ紀と白亜紀《はくあき》も合わせ、おおよそ1億5000万年間の途方もない時間にわたり、この恐竜たちが地上を完全支配するほど繁《はん》栄《えい》しつづけました。

恐竜は多種多様で全長30メートルを超《こ》える種もいれば、装甲《そうこう》や装飾《そうしょく》の派手《はで》な種、また全長1メートルにもならない小さな種までいました。

小さな種のなかには羽毛が生えた種もいて、羽のならぶ翼をもつ鳥類へと進化しました。

多種多様な進化を遂《と》げた生物たちがひしめいていたのです。

しかしそんな栄華《えいが》をきわめた恐竜の時代も6600万年前の直径10キロメートルにもおよぶ巨大な隕石《いんせき》の落下をきっかけに終わりをむかえます。

恐竜は鳥類を残して、すべて絶滅してしまいました。

この章ではそのようなさまざまな進化を遂げた爬虫類の時代のことを踏《ふ》まえながら伝説の動物たちを考察していきたいと思います。

恐怖と畏怖の存在

西洋のドラゴン

東西の神話に登場する想像上の動物のなかで代表的なものがドラゴンではないでしょうか。西洋の伝承に登場するドラゴンは強大な力をもち、口から炎のブレスを吐く恐ろしい存在として語り継がれています。また西洋のドラゴンの特徴は4本の足と大きな翼をもち、ウロコでおおわれた皮膚とするどいツメがあります。今では足2本で立ち、やや上体を立たせて前足は手腕となって、地につかない姿勢で描写されることが多くなっています。

大きさ --- 4～5メートル、10メートル以上のものも

生息地 --- 渓谷や絶海の孤島など

特　徴 --- 大きな翼で空を飛ぶ、2足あるいは4足歩行する

出　典 --- ギリシャ神話 など

分　類 --- 爬虫類　両生類

危険度 --- 🔥🔥🔥🔥

必殺技 --- 火を吐く、かみくだく、するどい爪で切り裂く など

古くから人々の恐怖と畏怖の象徴だった
西洋のドラゴン。
大きな翼で空を飛びまわる姿は
はたしてどんなものだったのだろうか。

リアルに考察した「西洋のドラゴン」

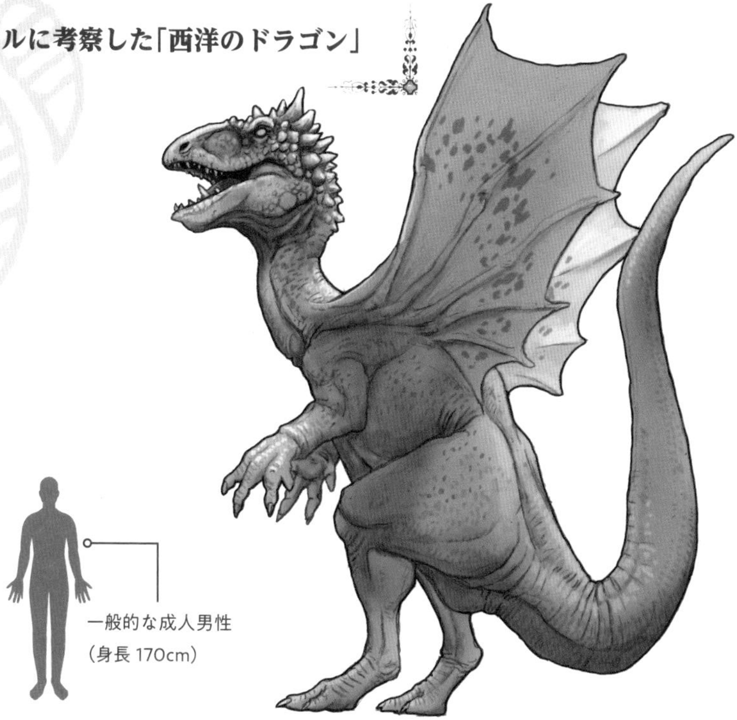

肋骨の伸長で翼のような帆をつくる2足歩行の恐竜

実際の生物の進化の過程でドラゴンのような姿の動物は現れることはあるのでしょうか。

４本足のドラゴンの特徴に着目してみましょう。

このドラゴンは「前足（あるいは腕）」と「後足」の４本の足をもち、背中に「大きな翼」をもっています。

まずドラゴンの背中に生えた翼について考えてみます。

現実の世界において脊椎動物《せきついどうぶつ》の４足動物（両生類《りょうせいるい》、爬虫類《はちゅうるい》、鳥類、哺《ほ》乳類《にゅうるい》）のなかで翼をもつ動物には、鳥類と哺乳類のコウモリがいます。

いずれの動物も前足を翼に変化させて飛翔能力《ひしょうのうりょく》をもつようになった動物です。

リアル「西洋のドラゴン」の骨格図

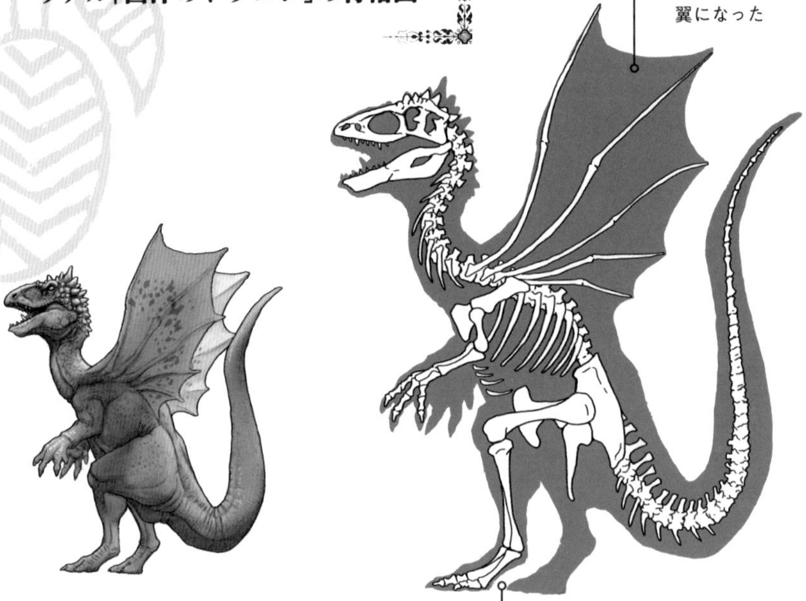

鳥類やコウモリのようにドラゴンの翼も前足から変化していったと考えるなら、前足が翼になってしまい、４本足のドラゴンの姿とは大きくかけ離れた動物になってしまいます。

ではドラゴンの翼の進化はどのように起こったのでしょうか。

それはドラゴンの肋骨《ろっこつ》の骨だと考えられます。

肋骨の数本の骨が傘の骨のように細長く伸び、その間に皮膜《ひまく》を張る帆を形成して翼になったのです。

強引な進化かと思うかもしれませんが実際、４本の足と翼をもつような進化を遂《と》げた動物はいます。

その動物は東南アジアの森林に生息する「トビトカゲ」という爬虫《はちゅう》類《るい》。

トビトカゲは肋骨を伸長させて、その肋骨の間に皮膜を張って、胴体《どうたい》の両脇に大きな帆をつくります。これが翼となって、木から木へ滑空《かっくう》することができるのです。

ヒトにあてはめた骨格図

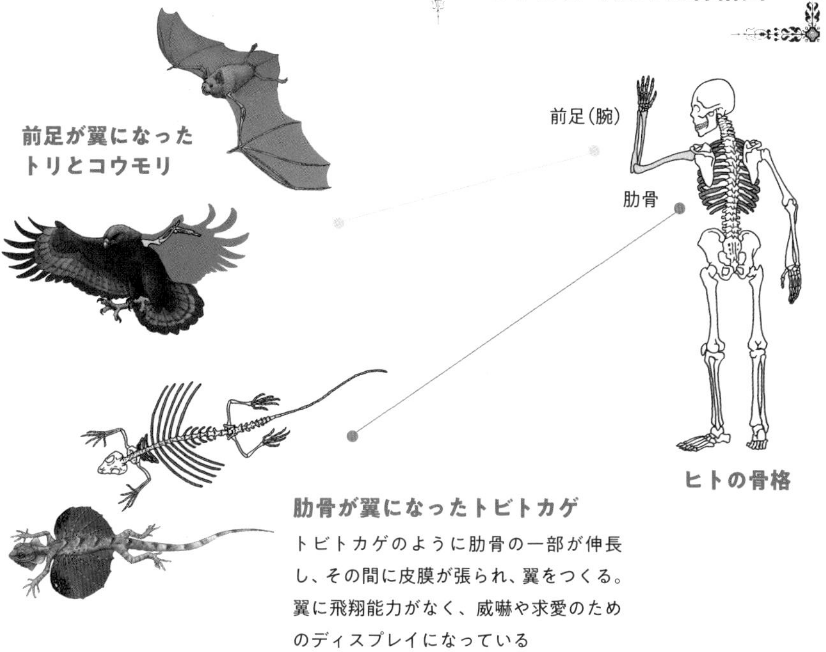

ドラゴンほどの迫力のある巨大な体ではありませんが、そのスタイルはまさにドラゴンそのものなのです。

ちなみにトビトカゲは40種ほど知られ、それらをあわせてトビトカゲ属といわれますが、ドラゴンを連想させることから、生物学における属名はラテン語でドラゴンという意味のドラコ（Draco）属とよばれています。

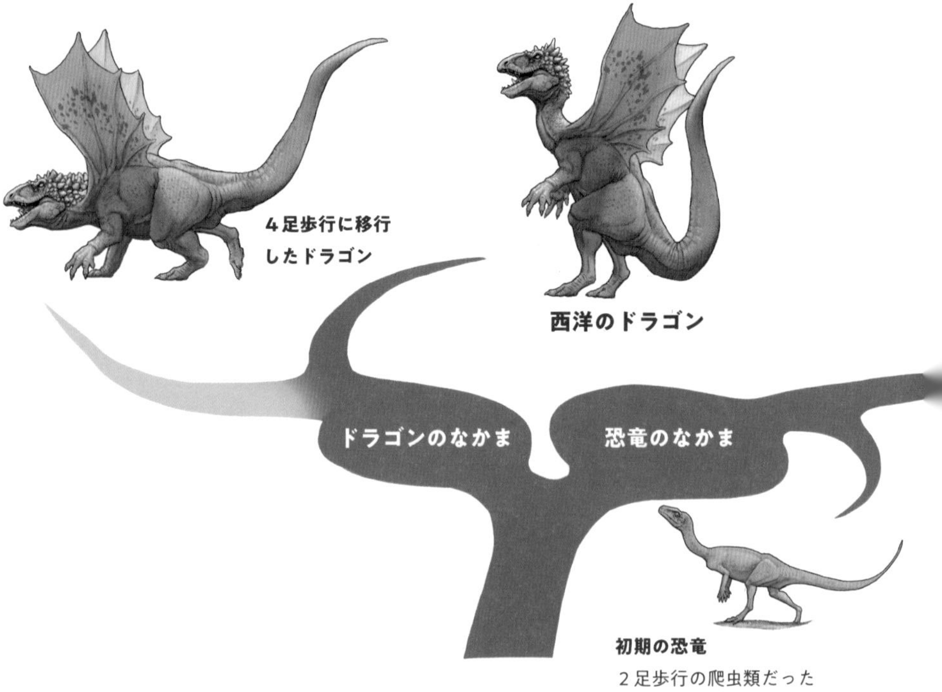

ドラゴンは恐竜の祖先から派生した

このように見た目や骨格の形成などを考えると、ドラゴンはその見た目から爬《は》虫類《ちゅうるい》の仲間なのだと推測できます。

トカゲやワニなどの爬虫類は４本の足を地面につけて這《は》うように歩きますが、ほとんどのドラゴンは前足が手腕のようになっているので地面にはつけず、後足２本で歩行します。

そのスタイルは6600万年前に絶滅した「恐竜《きょうりゅう》」とよばれている動物群に似ています。

有名なティラノサウルスは全長13メートル、体重は６トンあったと推測されており、その後足２本だけで支えていたとされています。

「西洋のドラゴン」の進化系統図

それから恐竜は2足歩行になった身軽な爬虫類から派生した動物群であることがわかっています。

トリケラトプスやティタノサウルスなど4本足で立つ恐竜は、さらなる進化（体の巨大化、頭部や体の派手《はで》な装飾、装甲《そうこう》で身をつつむなど）の過程で体の重さが増し、後足のみで体を支えていたものが、前足も地面について補助的に体を支えるようになりました。

2足歩行から4足歩行に移行した恐竜が多くいましたが、ドラゴンも同じように4足歩行に移行した種もいたでしょう。

飛びまわるドラゴン

ワイバーン

中世ヨーロッパの伝承に登場する想像上の生物でドラゴンの1種。頭がドラゴンで、コウモリのような翼とヘビのような長い尾をもつ生物として描かれています。ワイバーンは「2足の竜」といわれています。前足が立派な翼に変化し、後足2本が歩行用の足になっているのが西洋のドラゴンと大きく異なる特徴です。その飛《ひ》翔能力《しょうのうりょく》は高い機動力をもつ分、体はほかのドラゴンより小ぶりで、戦闘力は低級あるいは中級のドラゴンとして扱われていることが多いドラゴンです。

大きさ --- 10 ~ 15 メートル
生息地 --- 渓谷や絶海の孤島など
特　徴 --- 前足と一体になった翼で空を飛ぶ
他のドラゴンに比べて飛翔能力が高い
出　典 --- イギリス・フランスなどの民間伝承

分　類 --- 爬虫類　両生類
危険度 ---
必殺技 --- 火を吐く、かみくだく など

前足と一体となった翼をもつワイバーン。
西洋のドラゴンと似て非なる特徴から
異なる進化を遂げたその過程を見ていきましょう。

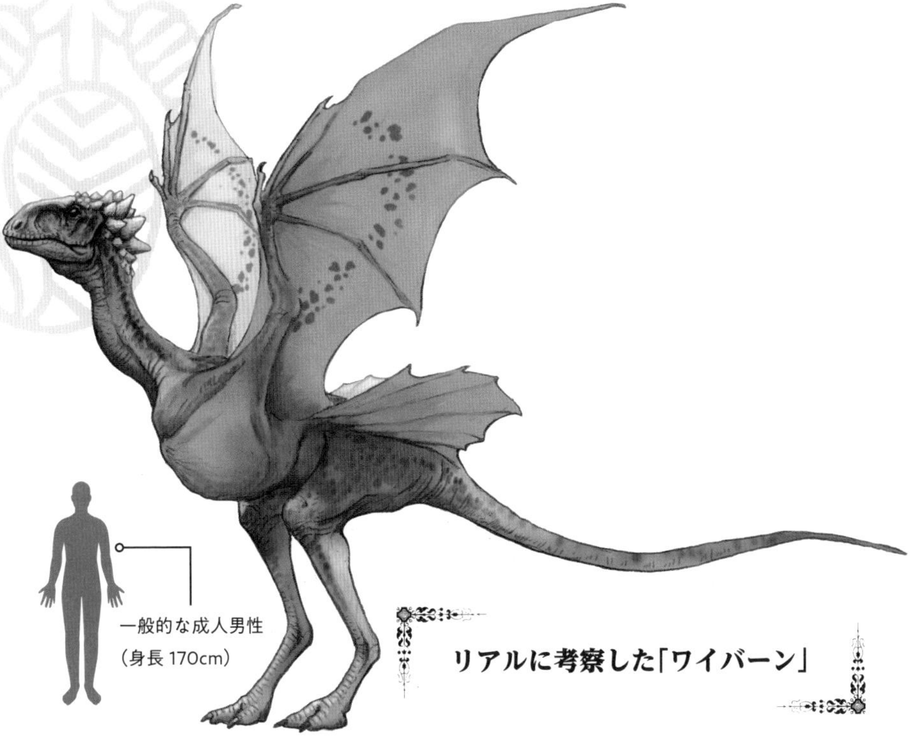

リアルに考察した「ワイバーン」

前足を翼に変化させたドラゴン

ワイバーンはドラゴンの仲間ですが、ほかのドラゴンと違うのは前足を鳥類やコウモリのような翼に変化させ、後足２本で歩行する点です。

そのことで前足は立派《りっぱ》な翼になり、鳥のように羽ばたくことができるようになりました。ドラゴンのなかでも飛翔能力に特化《とっか》したドラゴンといえるでしょう。

鳥類やコウモリのように前足を翼に変化させたワイバーンはヘビのような長い尾をもちますが、現在の飛翔する動物には長い尾をもつ種はいません。

大昔はワイバーンのような長い尾をもちながら飛翔する動物は数多く存在していました。

１億5000万年前には最初の鳥とされる「始祖鳥《しそちょう》」はトリの姿をしなが

リアル「ワイバーン」の骨格図

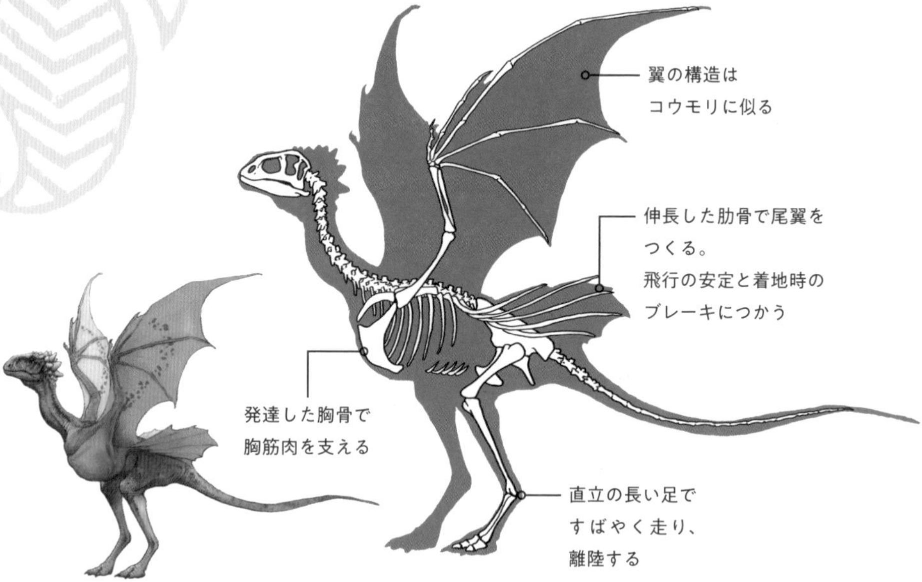

らも長い尾をもっていて現存の鳥と異なる姿だったといいます。

また恐竜とごく近縁《きんえん》な爬虫類《はちゅうるい》で初めて空を飛んだ脊椎動物《せきついどうぶつ》として知られる「翼竜《よくりゅう》」。

翼竜の翼は鳥のように羽がならぶのではなく、コウモリと同じように皮膜《ひまく》を張った翼をしており、この点においてはワイバーンと共通するものがあります。

また、翼竜にはランフォリンクス類とプテロダクティルス類の２つのタイプがいて、原始的なタイプのランフォリンクス類の翼竜はワイバーンと同じように長い尾をもっていたそうです。

のちに現れた進化タイプの翼竜・プテロダクティルス類は大型化して尾は短くなりました。

また、翼竜で有名なのがプテラノドンですが、そのプテラノドンよりもはるかに大きく、翼をひろげると差し渡し10メートルを超《こ》えるケツァルコアトルスという巨大種がいます。

実在したワイバーンに似た生物

ワイバーンと同じく、いずれも前足が翼になり、長い尾をもつ

初期の翼竜　エウディモルフォドン

初期の鳥類　始祖鳥

進化したタイプの飛翔動物はいずれも長い尾を退化させている

進化したタイプの翼竜　ケツァルコアトルス

現生鳥類　イヌワシ

ワイバーンもその先の進化を遂《と》げれば、さらなる大きな翼をもち、尾が短くなっていたのかもしれませんね。

ちなみに西洋のドラゴンの翼は肋骨《ろっこつ》が伸長してできたものと考察していますが、ワイバーンもそれを受け継いでいます。

伸長《しんちょう》した肋骨で尾翼《びよく》を形成しているワイバーンは、この尾翼で鳥の尾羽のように着地をするときの速度のブレーキ、また飛ぶときの安定に役立てているのです。

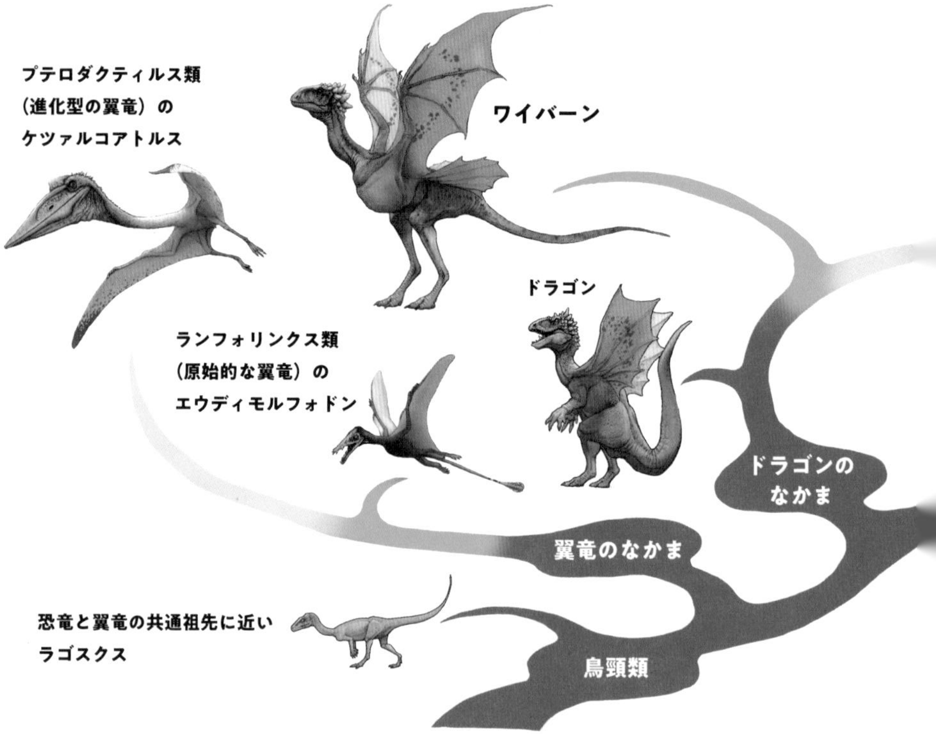

翼竜、トリ、そしてワイバーン

ワイバーンを含むドラゴンの仲間は世界中のいたるところに伝説があり、それら伝説を見比べてもさまざまな形態がいることがわかります。

たとえばドラゴンは４足歩行する種類もいれば、上体を起こして後足２本で立ち上がり、前足は手腕のようになっている種類もいます。

そして、歩行から解放された前足を翼に変化させて、高い飛翔能力を得たのがワイバーンです。

6600万年前に絶滅した「恐竜」と「翼竜《よくりゅう》」でこの両者の共通祖先《そせん》に近い動物に２足歩行の爬虫類《はちゅうるい》、「ラゴスクス」がいます。

ラゴスクスに近い爬虫類から派生した恐竜のなかでも獣脚類《じゅうきゃくるい》とよば

「ワイバーン」の進化系統図

れるグループには小型で全身が羽毛におおわれ、後足で立って２足歩行をしていた恐竜もいたようです。

やがて２足歩行で自由になった前足を羽がならぶ翼に変化させ、これが現在の鳥類につながっていると考えられています。

いわば鳥類は恐竜の生き残りともいえるもので、厳密には恐竜はほろんではいないともいえますね。

一方、翼竜はすでに6600万年前に途絶えてしまった動物群ですが、恐竜と同じく、ラゴスクスに近い爬虫類から派生し、フリーになっている前足を早くから翼に変化させています。

ドラゴンの仲間は恐竜と翼竜とともにラゴスクスという共通の祖《そ》をもちながら、その恐竜たちとは異なる進化を遂《と》げた動物群なのです。

東の守護神
青龍

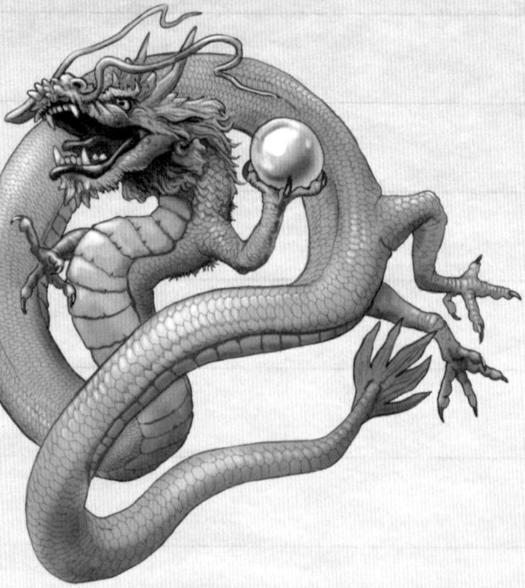

アジアにもドラゴンの伝説は多数あります。中国では東西南北のそれぞれの天空に神獣《しんじゅう》がすんでいるといわれ、南に「朱雀《すざく》」というトリ、西に「白虎《びゃっこ》」というトラ、北に「玄武《げんぶ》」というカメがいます。そして東の天空に「青龍《せいりゅう》」というドラゴンがいるのです。西洋のドラゴンは悪の化身《けしん》として恐れられているのに対し、青龍（以下、東洋のドラゴンとする）は恐ろしい存在ではあるものの、人間には友好的で縁起《えんぎ》の良いものとされています。またその姿も西洋のものとは大きく異なります。

大きさ --- 10 ~ 15 メートル
生息地 --- 丘や山といった地上の高いところ
特徴 ----- ウロコのある長い胴体とトカゲのような足、するどい牙
出　典 --- 中国神話など

分　類 --- 爬虫類　両生類
危険度 ---
必殺技 --- 吉兆を知らせるなど

西洋のドラゴンとは異なる点の多い、
青龍こと東洋のドラゴン。
見た目の違いはそのまま骨格や進化においても
大きな違いがあるのです。

リアルに考察した「青龍」

東洋のドラゴンは胴体の長いワニ

中国などに伝わる東洋のドラゴン。

全身がウロコでおおわれたその体は爬虫類《はちゅうるい》の仲間といったところでしょう。

もうひとつの特徴として頭部がワニに似ているところです。

こまかいところでワニの頭部にはないツノとヒゲ（上アゴの先には目立った１対の長いヒゲ、下アゴにはこまかな短いヒゲ）がありますが、やはり長いアゴにするどいキバがならぶ巨大な頭部は爬虫類のなかでもワニの頭部がいちばんしっくりきます。

またドラゴンといっても西洋のドラゴンのように翼はなく、ヘビのように長い胴体《どうたい》をもっています。

つまりワニがヘビのような長い胴体をもてば、それはまさに東洋のド

リアル「青龍」の骨格図

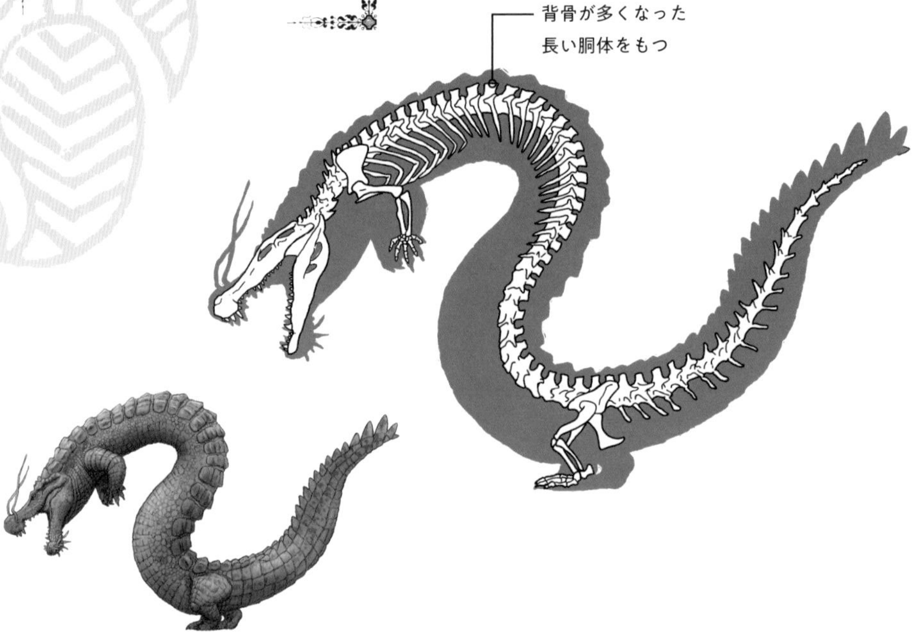

ラゴンのような姿になるということです。

ところでヘビのように長い胴《どう》体《たい》をもつ生き物もいれば、カエルのように短い胴体の生き物もいますが、この差はどこで生まれるのでしょうか。

2017年８月、名古屋大学、東北大学と理化学研究所の共同研究でこの差が生まれることを解明した研究結果が発表されています。

研究対象はあらゆる動物の胚《はい》の成長過程を比較したもので、

ワニとその骨格図

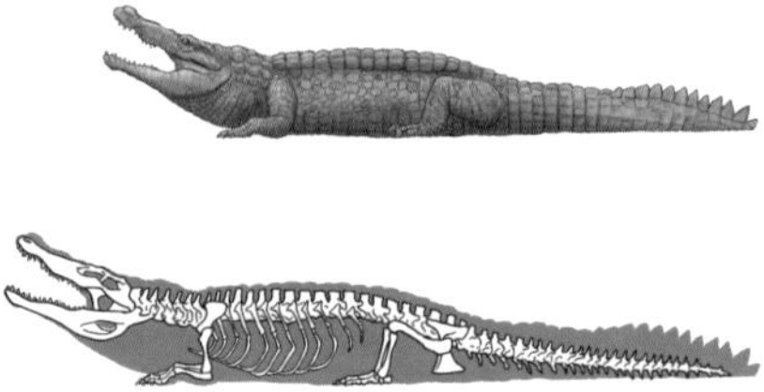

ワニは青龍とは異なり、地をはうように動く
４足歩行の動物である

爬虫類の卵のなかの成長

胚の成長過程で GDF11 という遺伝子からつくられるたんぱく質が働くとそこから仙椎ができ、骨盤がつくられ、後足ができる。

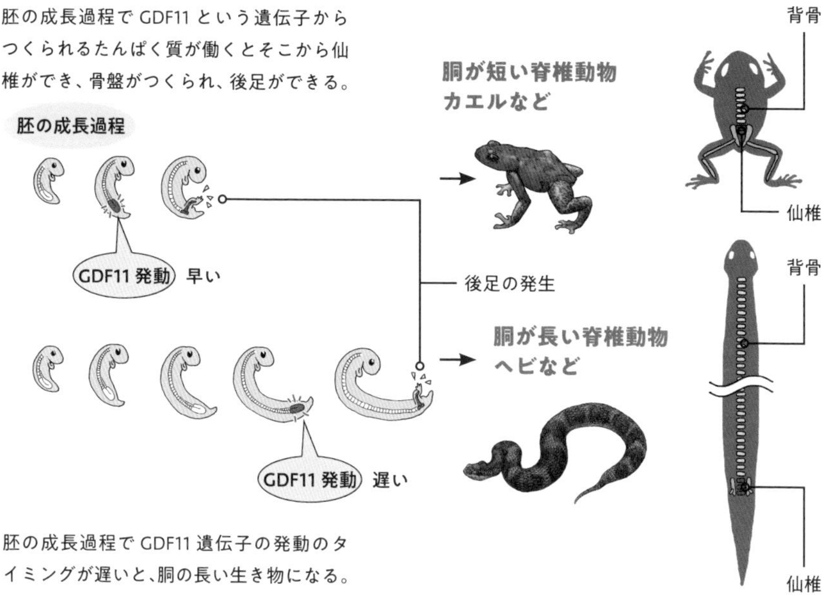

胚の成長過程で GDF11 遺伝子の発動のタイミングが遅いと、胴の長い生き物になる。

カエルもヘビも卵のなかで成長し、やがて孵化《ふか》します。

その成長の過程で背骨はどんどん形成されて胴体はできあがります。

ただ骨盤《こつばん》や後足ができあがるころに背骨はその形成をやめます。

そのタイミングがカエルのほうが早く、ヘビのほうが遅いために胴体の長さは異なるのです（説明上図）。

このタイミングはあるたんぱく質の働きによって決まっています。

つまりそのタイミングを遅くすることができれば胴体はいくらでも長くなりうるわけです。

ワニの場合でも卵《たまご》のなかでこのたんぱく質の働くタイミングが遅ければ、胴体は長くなるということです。

その間の時間稼ぎで胴体はどんどん長くなっていき、東洋のドラゴンのような爬虫類が誕生するというわけなのです。

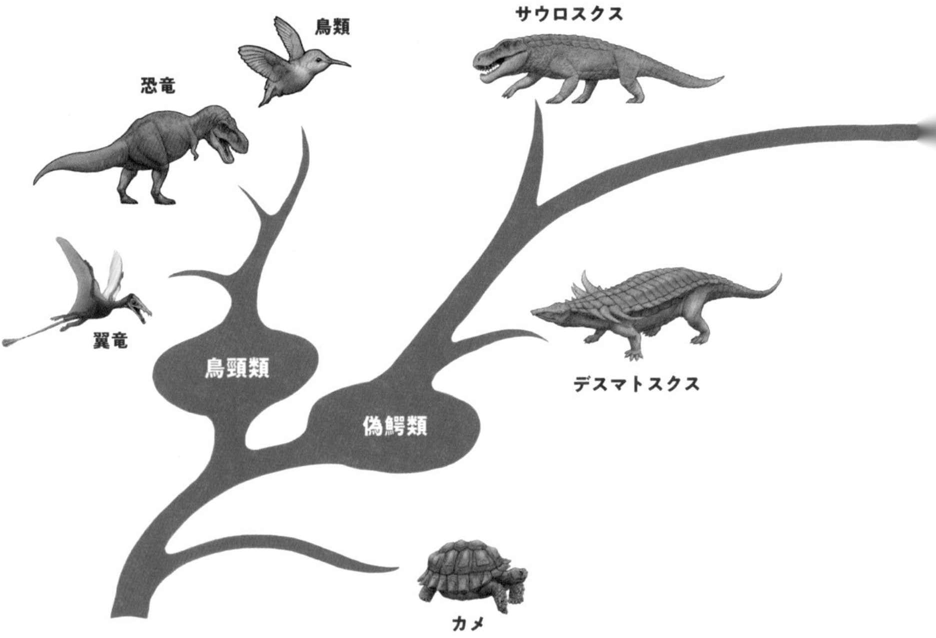

ワニのような巨大な恐竜

東洋のドラゴンはワニの仲間ですので、本書で恐竜の近い種とした西洋のドラゴンとは同じドラゴンでも系統の違う動物になります。

ワニの仲間も、恐竜と同時期の中生代三畳《ちゅうせいだいさんじょう》紀《き》（おおよそ２億5000万年前から２億年前まで）という時代に登場しています。

この時代は「爬《は》虫類《ちゅうるい》の時代」ともよばれ、ワニと恐竜は陸上での２大勢力といわれていいます。

誤解を恐れずいうなら、当時のワニの仲間は直立した４本の足で、恐竜は直立した２本の後足で、内陸を走りまわり勢力争いをしていたようです。

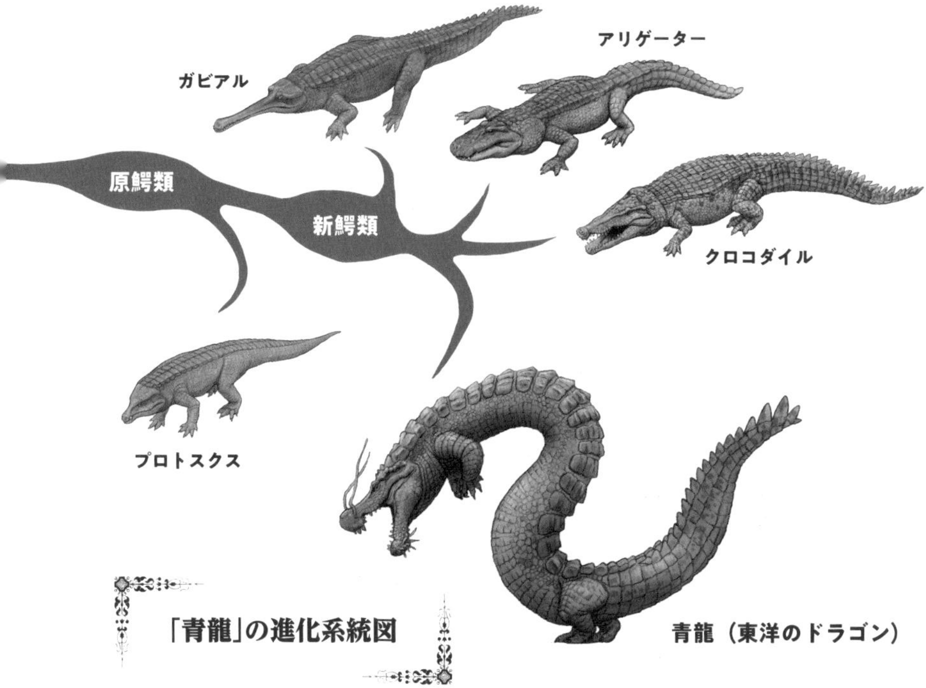

「青龍」の進化系統図

次の時代のジュラ紀（おおよそ２億年前から１億5000万年前）になると、その勢力争いは恐竜側に軍配《ぐんばい》が上がり、ワニの仲間は水辺《みずべ》に追いやられたのです。

そんな環境でトカゲのような這《は》い歩きをする爬虫類になったのが現在のワニの姿なのです。

しかし陸上で支配的だった恐竜も6600万年前の生物大量絶滅期《せいぶつたいりょうぜつめつき》に絶滅してしまいます。

現在、この大量絶滅期を生きながらえたワニと恐竜から派生《はせい》し生き残った鳥類。

１万種もいる鳥類ほどワニの種は多くありませんが、水辺だけでなく大きな海原《うなばら》にワニの仲間である東洋のドラゴンがひそんでいる可能性はどこまでも捨てきれません。

北の守護神
玄武

中国に伝わる神獣《しんじゅう》の一体で、「玄武《げんぶ》」は北の天空にすむ守護神だと伝えられています。東西南北の天空をそれぞれまもる神獣ですが、なぜこの4種類なのかというと、古代中国ではウロコをもつ魚、羽をもつ鳥、毛のある獣、甲羅《こうら》のある甲殻類《こうかくるい》がすべての動物の祖先《そせん》と考えられていたからです。玄武の甲羅はエビやカニなどの甲殻類ではなく、カメの甲羅です。玄武は足の長いカメにヘビが巻きついた形で描かれることが多いですが、カメの尾がそのままヘビになっている場合もあります。

大きさ --- 3メートル未満
生息地 --- 渓谷や絶海の孤島など
特　徴 --- 分厚い甲羅におおわれた背中、ヘビのようなこぶのある尻尾
出　典 --- 中国の故事 など

分　類 --- 爬虫類
危険度 --- 🔥🔥🔥
必殺技 --- どんな攻撃も無効化する防御力

北方を守護するとされる玄武の背中は
まるでカメのようです。
直立することも可能な玄武は
どんな独自進化をしたのでしょうか。

リアルに考察した「玄武」

防御に徹した強固なカメのような甲羅

玄武《げんぶ》はカメのような甲羅《こうら》をもっています。

カメの甲羅の構造ですが、肋骨《ろっこつ》などの骨がほぼ全身をつつみこむように発達して装甲《そうこう》化《か》したものです。

肋骨の発達で全身をつつむように甲羅をつくるのは世界では生物史上からみてもカメの仲間のみで、大胆かつ珍しいケース。

ただ、肋骨の発達による甲羅の形成はカメ特有のものですが、カメとはまったく違う系統の動物でそのような進化をする可能性もないことはありません。

本書で、恐竜の姉妹関係にあるドラゴンは肋骨が伸長《しんちょう》して翼（帆《ほ》）を形成したとしていました。

玄武は伸長した肋骨が板状《ばんじょう》に変化し、それらの肋骨がたがいに隙間《すきま》を

リアル「玄武」の骨格図

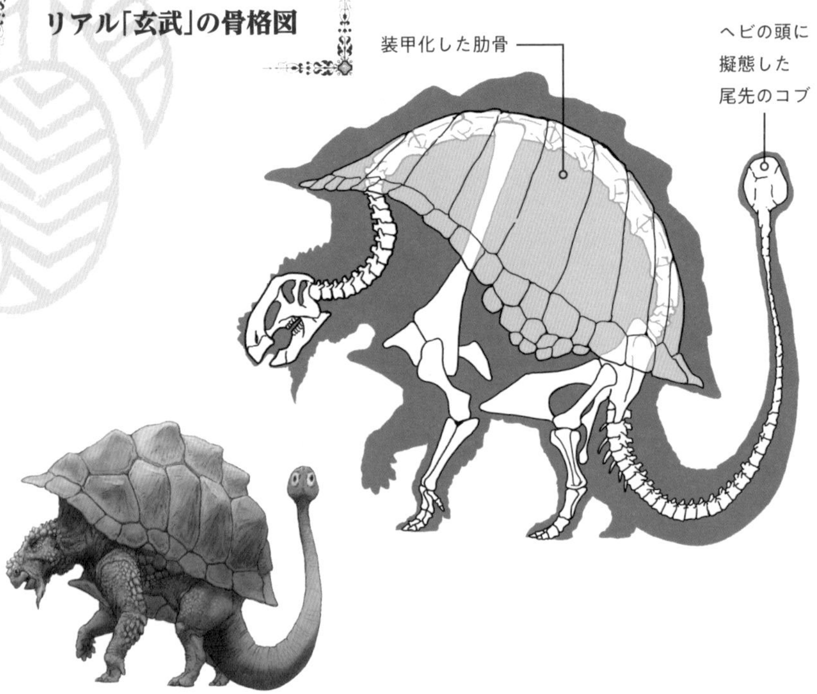

埋めるような形でつながって、甲羅を形成したと考えます。

つまり玄武はドラゴンの仲間で、これらドラゴンは肋骨《ろっこつ》の多様な形状がみられる動物群と考えられるのです。

また玄武の尾はヘビであるという説がありますが、現実世界において頭部（それも別の種の頭部）が２つある生物はこれまで発見されたことがありません。

よりリアルな玄武の姿を描き出すとすれば、尾の先はコブのようにふくらんでおり、そのコブに目玉模様《めだまもよう》などがあって、いかにもヘビのように見えたのではないかと考えられます。

こういった擬態《ぎたい》は生物界ではよく見られるケースです。

玄武は重厚な甲羅《こうら》によって高い防御力に加えて、ヘビ模様の長いコブのついた尾を振り回して、背後からせまる敵をよせつけないようにして威嚇《いかく》していたのです。

玄武のような防御に徹《てっ》したスタイルの動物も大昔には存在していまし

玄武と比較したい動物たち

玄武に似た
実在した
大昔の動物

恐竜　アンキロサウルス

アルマジロの仲間　ドエディクルス

肋骨が変化した動物

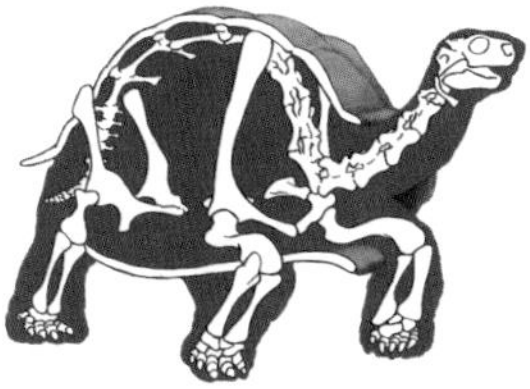

肋骨を装甲化させたカメ

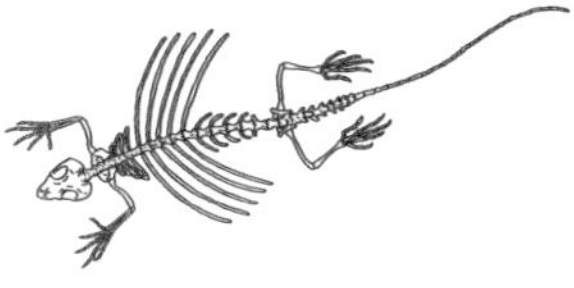

肋骨で翼をつくったトビトカゲ

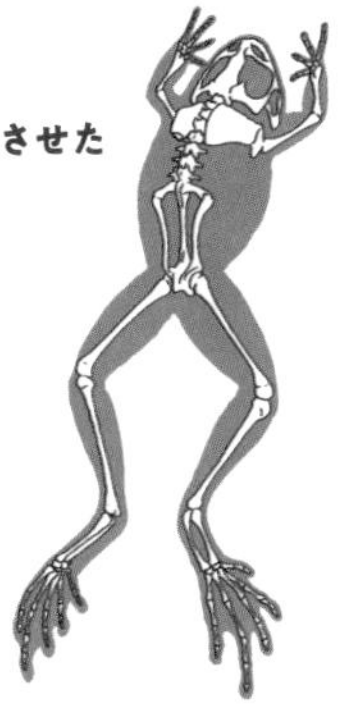

肋骨を消失させた
カエル

た。

恐竜では中生代白亜紀《ちゅうせいだいはくあき》（おおよそ１億5000万年前から6600万年前）という時代にいたヨロイ竜のアンキロサウルス、哺乳類《ほにゅうるい》ではアルマジロに近い動物のドエディクルス（7000年前頃に絶滅）がそうで、いずれもカメのような甲羅はもたないものの、かたい装甲《そうこう》で身をつつみ、尾の先端にはコブがあります。

そのような尾は獲物に気づかれないよう背後からせまる捕食者に対しての防御策に使われていたのだと推測できます。

「玄武」の進化系統図

玄武は恐竜から派生した
ドラゴンの仲間

生物界では肋骨《ろっこつ》の変形によって種の多様性が生まれました。

カメは肋骨でできた甲羅《こうら》をもち防御力を高め、トビトカゲは肋骨を側面へ細長く伸ばしてわき腹に翼をつくり、木から木へと滑空《かっくう》することができるようになりました。

反対にカエルは臓器を守る肋骨をあえて失くすことによって、腹部をやわらかくして、ジャンプして着地する際の衝撃を受け流すことができるようになっています。

本書では玄武をドラゴンの仲間としています。

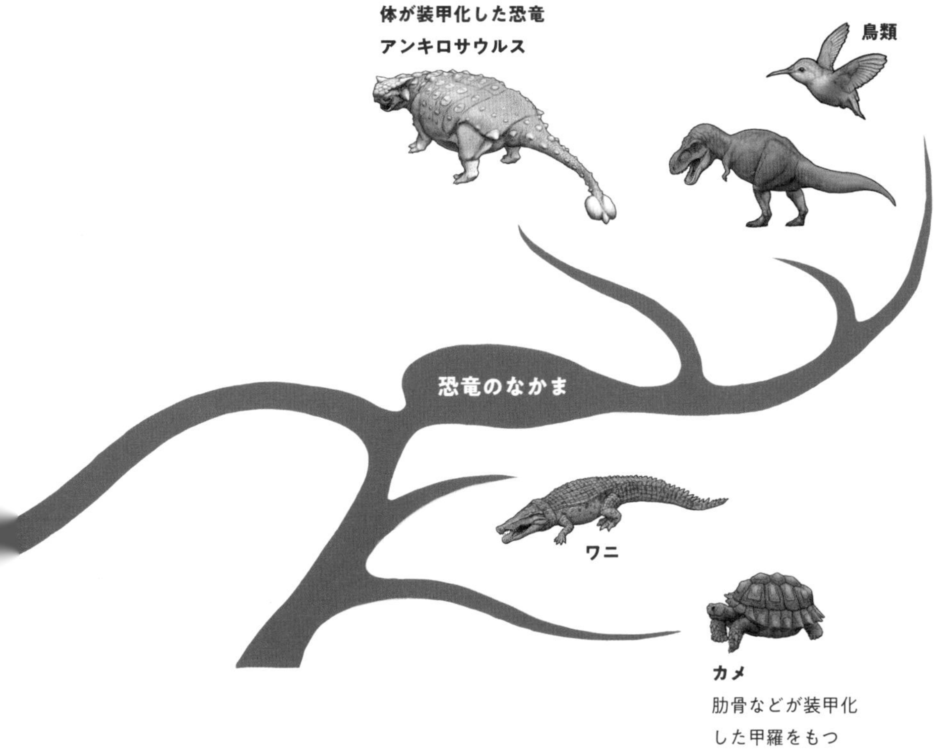

ドラゴンは肋骨を伸長させて翼のような帆を形成させていますが、玄武はカメと同じく肋骨を装甲《そうこう》化《か》させて甲羅にしています。

また西洋のドラゴンは後足で立ち上がる２足歩行でしたが、玄武は体が甲羅で重くなっているので、支えるために前足を地面についたと考えられます。

体が装甲化した恐竜アンキロサウルスと同じく、４足歩行となるでしょう。

圧倒的な毒鶏

コカトリス

中世ヨーロッパの伝説や民間伝承で登場する怪物です。コカトリスは雄鶏《おんどり》が産んだ卵をヒキガエルが抱卵《ほうらん》（抱《だ》いて温めて孵化《ふか》させること）して生まれた生物で、その姿はヘビのような尻尾をもつ雄鶏として描かれています。きわめて強い毒性をもち、その周囲は草が焼け、土壌《どじょう》は損《そこ》なわれるといわれています。またにらんだだけで生物を殺せる能力ももっています。

大きさ --- 0.5 メートル

生息地 --- 北アフリカの砂漠 など

特　徴 --- トリのような頭部にヘビのような尾、コウモリのような翼

出　典 --- 中世ヨーロッパの民間伝承 など

分　類 --- 鳥類　爬虫類

危険度 ---

必殺技 --- 猛毒を吐く、にらみ殺す など

その見た目からは鳥類のようでもあるが、
翼や尻尾などを見るとそうとも言い切れない。
コカトリスの進化はどんな変化を
していったのでしょうか。

リアルに考察した「コカトリス」

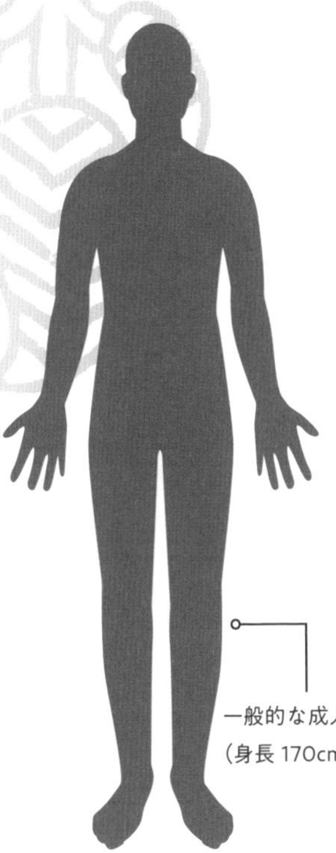

コカトリスは恐竜の仲間

この怪物ははじめ「バシリスク」とよばれ、頭に王冠《おうかん》の形をした白い模様《もよう》があるヘビの姿をしていましたが、14世紀になってイギリスの作家・ジェフリー・チョーサーが『カンタベリー物語』のなかでバシリスクのことを「バシリコック」とよんだことから、コカトリスという名になったといわれています。

そうなるとバシリスクはヘビの姿で爬虫類《はちゅうるい》の一種と考えられます。

しかしこの生き物がコカトリスとよばれるようになってからは、ヘビのような長い尻尾、前足は空飛ぶ爬虫類といわれる翼竜《よくりゅう》のような皮膜《ひまく》が張られた翼、クチバシや羽毛におおわれている胴体《どうたい》など爬虫類と鳥類の特徴をあわせもつ生き物として描かれるようになりました。

つまり爬虫類と鳥類の両方の特徴をあわせもつ中間の姿をしているの

リアル「コカトリス」の骨格図

がコカトリスなわけです。

実際に爬虫類の大きなグループのなかで恐竜という動物群が現れ、その恐竜のなかから鳥類が派生していることがわかっています。

つまり恐竜のなかで、トリに近い生物種がいるわけです。

化石で発見された恐竜の骨格に鳥類の骨格と共通点が多くあったこともあり、昔から恐竜と鳥類は近い動物であることは定説のようにわかっていました。

しかし中国の遼寧省《りょうねいしょう》で全長1メートルほどの小さな恐竜「シノサウロプテリクス」が発見されます。

この恐竜は、はじめて羽毛が化石化した奇跡的な状態で発見されたのです（1996年に発表されています）。

トリに近い恐竜も羽毛が生えていたことは予測されていましたが、この発見により実証されたわけです。

それを皮切りに「羽毛恐竜《うもうきょうりゅう》」という言葉をよく聞くようになりました。

羽毛のあったとされる恐竜たち

1996年に発表されたシノサウロプテリクスの化石。はじめて恐竜に羽毛が確認された

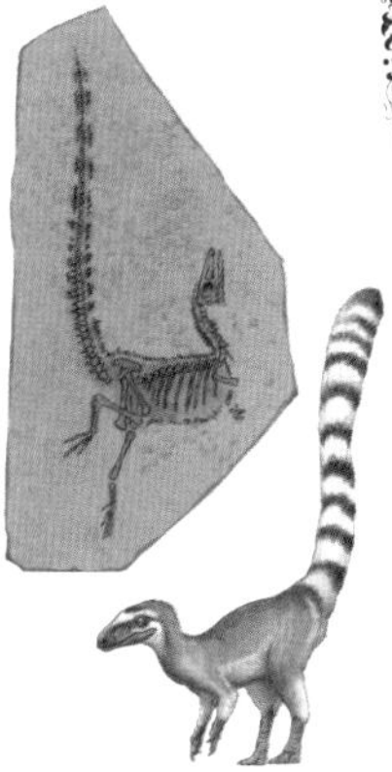

シノサウロプテリクス

羽毛が生えたティラノサウルス

イー・チー

2015年に報告された恐竜。皮膜を張った翼をもつ新しいタイプの羽毛恐竜

あの「ティラノサウルス」も羽毛が生えた姿で想像図を描かれる（ティラノサウルスに羽毛が生えていたかはわかりません）など、ごく一般に伝わる恐竜のイメージも大きく変わりました。

また、鳥類に近い恐竜としてよく知られている「ディノニクス」や分類上では最初のトリとされる「始《し》祖《そ》鳥《ちょう》」なども恐竜の獣脚類《じゅうきゃくるい》というグループに含まれる生き物です。

これらの生き物もシノサウロプテリクスと同じく羽毛恐竜ともいわれ、トリのように全身は羽毛におおわれ、翼（前足）には羽が生えていますが、アゴにはするどい歯がならび、翼には爪があり、長い尻尾をもつなど爬虫類的な特徴も色濃く残しています。

コカトリスはそのような恐竜から鳥類へ移行する段階の１種だと考えられます。

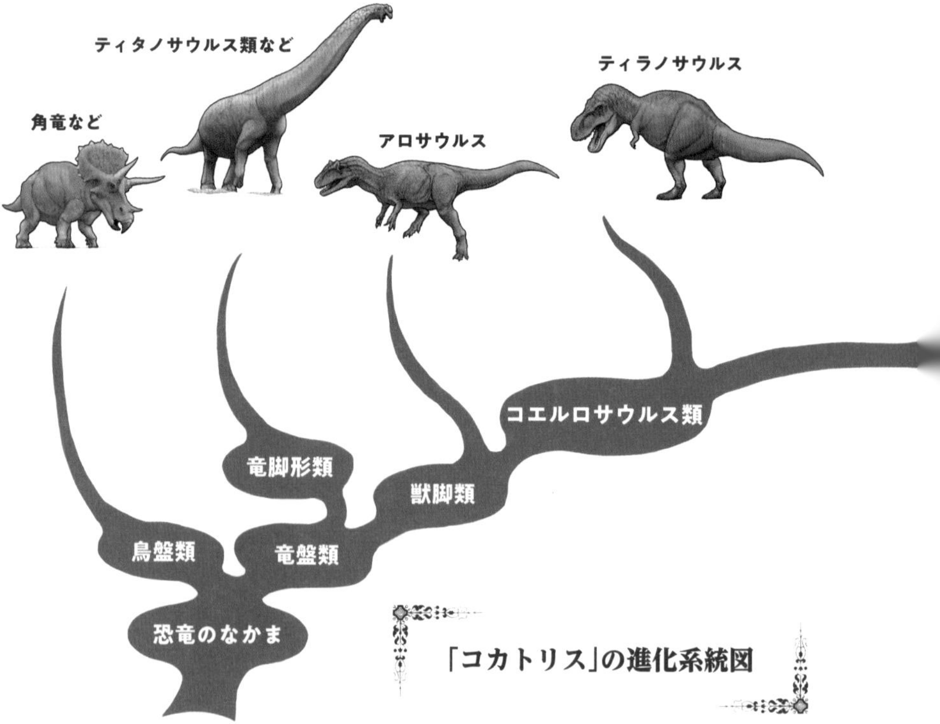

「コカトリス」の進化系統図

皮膜を張った翼の鳥類という可能性

コカトリスはディノニクスや始祖鳥《しそちょう》などの鳥類に近い羽毛恐竜の1種としていますが、これらの羽毛恐竜《うもうきょうりゅう》とはまだ異なる点があります。

それは翼です。

羽毛恐竜は鳥のように羽のならぶ翼をもつのに対し、コカトリスは前述したように翼竜《よくりゅう》やコウモリなどのように皮膜《ひまく》を張ったまったく異なるタイプの翼をもっているのです。

それではコカトリスは羽毛恐竜とは異なる生物なのでしょうか。

羽毛恐竜の翼はすべて羽が並んでいるという常識をくつがえすような例外的な発見がありました。

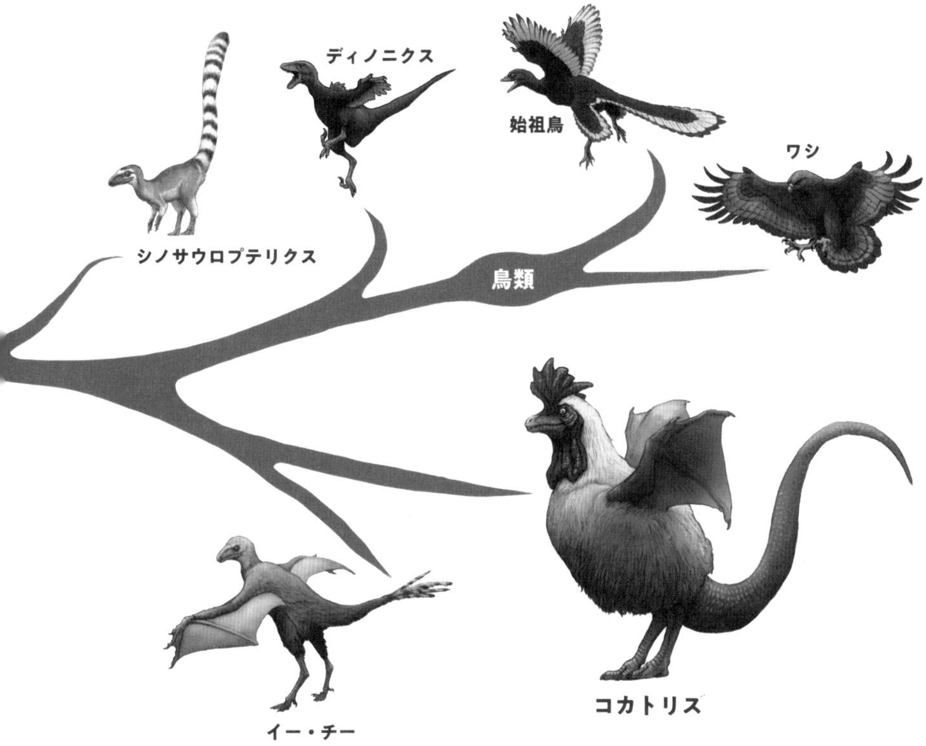

　これもまたシノサウロプテリクスと同じく中国の遼寧省《りょうねいしょう》で化石が発見されています。その恐竜の化石は「奇妙な翼」という意味の「イー・チー」と命名され、2015年に報告されました。

　イー・チーは始祖鳥やディノニクスと同じく、獣脚類《じゅうきゃくるい》に分類される恐竜で全長60センチほどの小さな体で、全身のほとんどが羽毛におおわれていたところはほかの羽毛恐竜と同じですが、翼は羽がならぶのではなく、細長くなった第３指と細長い棒状に変化した手首の骨を支えとする皮膜を張った翼をしていたといわれています。

　羽毛恐竜にもイー・チーのような種もいることから、コカトリスも恐竜から鳥類の進化途中にあった生物種の一つとしてとらえることもできますね。

日本古来の河の主
河童

日本の各所で伝説がある川や池の周辺を水陸両生《すいりくりょうせい》の生活をする妖怪《ようかい》。その姿は猿に似た顔、口にはクチバシがあり、カエルのような腕と脚《あし》、そして背中にはカメの甲羅があります。体の表面は典型的なもので緑色のウロコでおおわれた肌をしています。みずみずしいキュウリが水神信仰《すいじんしんこう》のお供《そな》え物《もの》に欠かせない野菜だったため、河童《かっぱ》もキュウリ好きといわれるようになったという説もありますが、人間の子どもを好む傾向もあり、肛門《こうもん》から内臓をひきずり出して食べるともいわれています。

大きさ --- 1メートルほど
生息地 --- 川や池、沼など
特　徴 --- 人のような姿と背中に甲羅、ウロコにおおわれた水かき、頭部に皿
出　典 --- 日本の民間伝承 など

分類------ 爬虫類
危険度 ---
必殺技 --- 人間以上の強い力で水中にひきずりこむ

日本では実に身近な河童。
意思疎通もできることからも
ヒトに近い種なのでしょうか。その見た目から
どんな進化を遂げたのかを考えてみましょう。

リアルに考察した「河童」

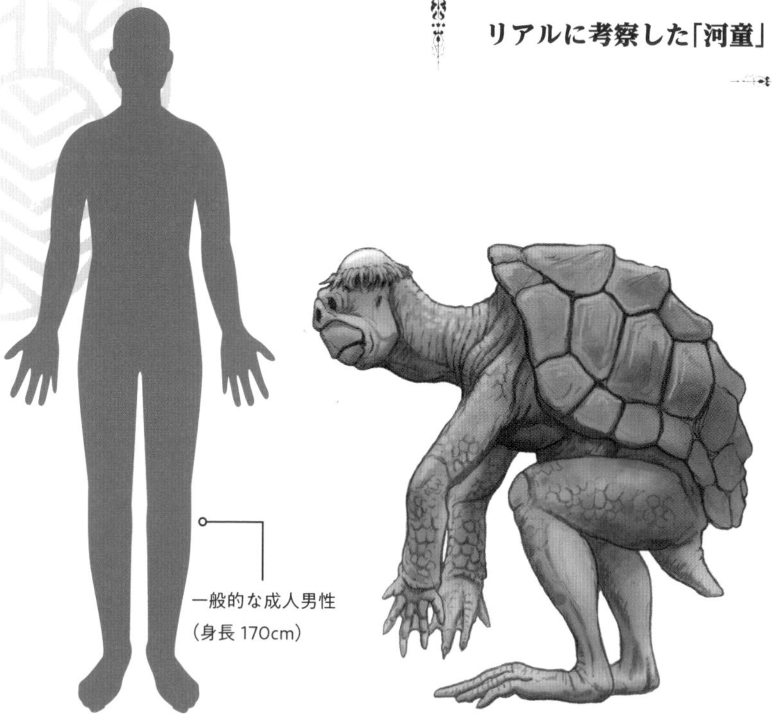

河童は２足歩行のカメ

河童《かっぱ》は背中に甲羅《こうら》があり、口にはクチバシがあり、体はウロコでおおわれているのが特徴です。

この特徴はカメの仲間と共通していて、そこから河童は後足２本で立ち上がったカメの仲間なのだろうと考えられます。

河童とカメはいずれも甲羅をもちますが、この両者には少し異なる点があります。

カメの甲羅には背中側の「背甲《はいこう》」と腹側の「腹甲《ふっこう》」があり、ほぼ全身をつつむような甲羅であるのに対し、河童は描かれているものを見る限りでは腹甲がありません。

カメの甲羅は肋骨《ろっこつ》や背骨などの骨がつなぎ合わせに融合《ゆうごう》して装甲化《そうこうか》し、これが全身をつつむ甲羅になっています。

リアル「河童」の骨格図

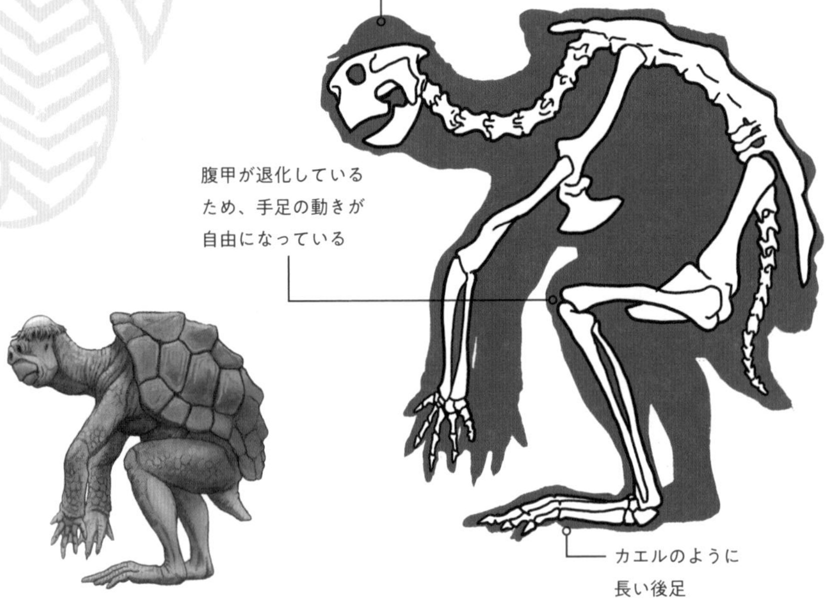

　そのために肩甲骨《けんこうこつ》（肩の骨）やそこから伸びる足のつけ根が甲羅《こうら》のなかに入りこんでしまっており、腹甲《ふっこう》が邪魔になって前足は動きが大きく制限されてしまいます。

　一方、腹甲を失った河童は前足（腕）を人間の腕のように自由に動かすことができるのです。

　河童は甲羅をもつこと以外に、もうひとつよく知られた特徴があります。

　それはその頭頂部にある円形の毛のない部分、「皿」とよばれる部位です。

　この皿はいつも水にぬれていて、乾いてしまうと力を失い死んでしまうこともあるといわれており、河童の弱点ともいわれています。

　そのため、河童が水辺《みずべ》から離れられずに水陸両生《すいりくりょうせい》の生活を送っているわけです。

　おそらくこの皿は体を常にぬらしているカエルなどの両生類のよう

走る河童とリクガメの骨格図

腹甲が退化している
ため、手足の動きが
自由になっている

走ることのできる河童

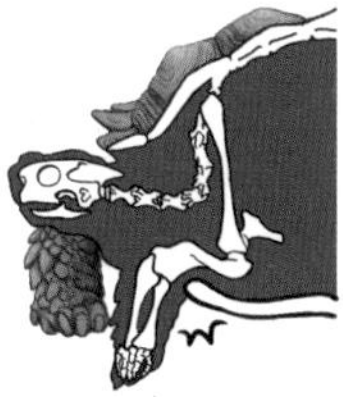

足が甲羅のなかに入りこ
んでしまっているため足
の動きが制限される

に、活発な皮膚呼吸をしているのだろうと考えられます。

つまり河童の皿はカエルの皮膚と同じで、陸上に長時間いると、皿から自分の体の水分がどんどん蒸発していってしまい弱ってしまうのです。

ウロコにおおわれた爬《は》虫類《ちゅうるい》は乾燥に強い生き物で、河童もウロコにおおわれた体をしているので水には強いはずです。

しかし頭頂部の皿をもったために、乾燥《かんそう》した環境に弱く、水辺から離れられない生活を送るようになってしまった、ということでしょう。

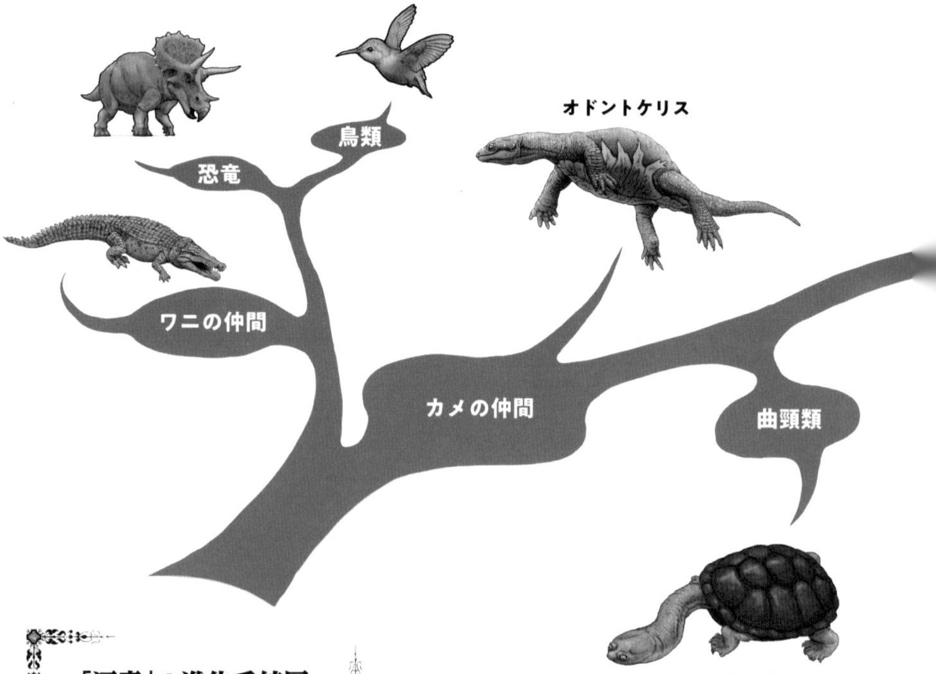

「河童」の進化系統図

原始的なカメからの進化

カメの特徴といえば、その肋骨《ろっこつ》や背骨などの骨が融合《ゆうごう》してできた独特なつくりの甲羅《こうら》です。

このような甲羅はいつどのようにしてできたのでしょうか。

カメの仲間は2億5000万年前あたりに独自の進化を歩み始めたといわれています。

このころのカメの仲間に甲羅はあったのかはさだかではありませんが、今から約2億2000万年前には全身をつつむような甲羅ができるまでの途中過程のカメが生息しており、その化石が発見されています。

そのカメは「オドントケリス」とよばれる種です。

オドントケリスは背甲《はいこう》（背中側の甲羅）が不完全で、腹側のみ甲羅があるという変わった姿をしていました。

河童は背中に甲羅がありますが腹側にはありませんので、オドントケリスとはその逆になります。

その後、カメの仲間は背中側の甲羅も発達し、現在のカメのように全身をつつみこむ甲羅をもつようになりました。

アルマジロなど装甲を身にまとい、防御に徹《てっ》する動物は背中側の装甲を手厚くするだけで十分なような気もしますが、カメの仲間は依然として全身をつつむ甲羅をもち、手足の動きが制限されてしまっています。

やはり背中側の甲羅を残し、腹側の甲羅が退化して、手足の動きが自由になった河童のようなカメがいてもおかしくはありません。

PART2

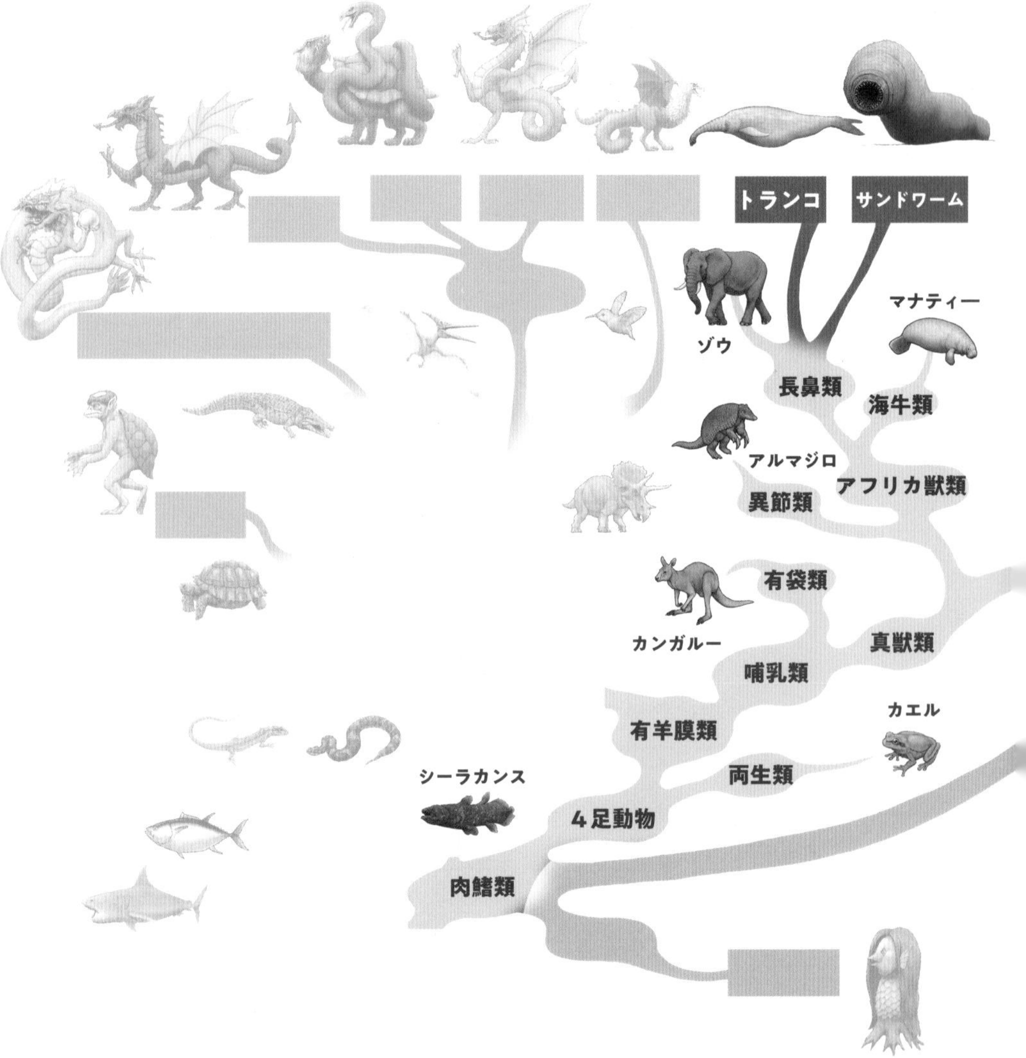

トランコ
サンドワーム
マナティー
ゾウ
長鼻類
海牛類
アルマジロ
アフリカ獣類
異節類
有袋類
カンガルー
真獣類
哺乳類
カエル
有羊膜類
両生類
シーラカンス
4足動物
肉鰭類

哺乳類から進化した伝説の動物たち

～多種多様な進化が

地続きだった大陸と
そのころの哺乳類

初期の哺乳類

恐竜が地上を支配していた時代で夜に活動していた

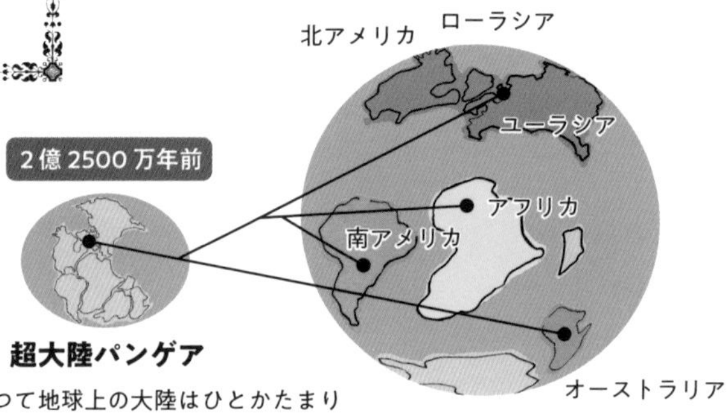

超大陸パンゲア

かつて地球上の大陸はひとかたまりだった。時間が経つにつれ、一つの大陸がバラバラになっていき、今の形になったといわれている

哺乳類《ほにゅうるい》がはじめて地球上に現れたのは今から2億2500万年前のことです。

このころには2足歩行の爬虫類《はちゅうるい》から進化した恐竜《きょうりゅう》もいました。

初期の哺乳類はまだ小さなネズミのような姿で、地上で支配的な存在となっていた恐竜を避けるように夜にひっそり行動するような動物でした。

このころの地球上はアフリカや北アメリカなどの6つのすべての大陸がひとかたまりで地続きになっており（超大陸《ちょうたいりく》パンゲア）、その後、この超大陸が分裂して現在の地形に変化していきます。

哺乳類が進化して多種多様な姿になったのは、この大陸分裂が密接に関係しているといわれています。

たとえば、早くから超大陸パンゲアから分裂したオーストラリア大陸は海洋で孤立した時代が長かったため、コアラやカンガルーなどの「有《ゆう》袋類《たいるい》」（未熟な状態の子どもを産み、育児嚢《いくじのう》で育てる種）やカモノハシなどの「単孔類《たんこうるい》」（哺乳類でありながら爬虫類や鳥類のように卵《たまご》を産む種）といった独特な繁殖形態《はんしょくけいたい》をもつ哺乳類が生息しています。

伝説の生物を生んだ？～
哺乳類の進化の歴史について

各大陸で独自の進化を遂げた哺乳類たち

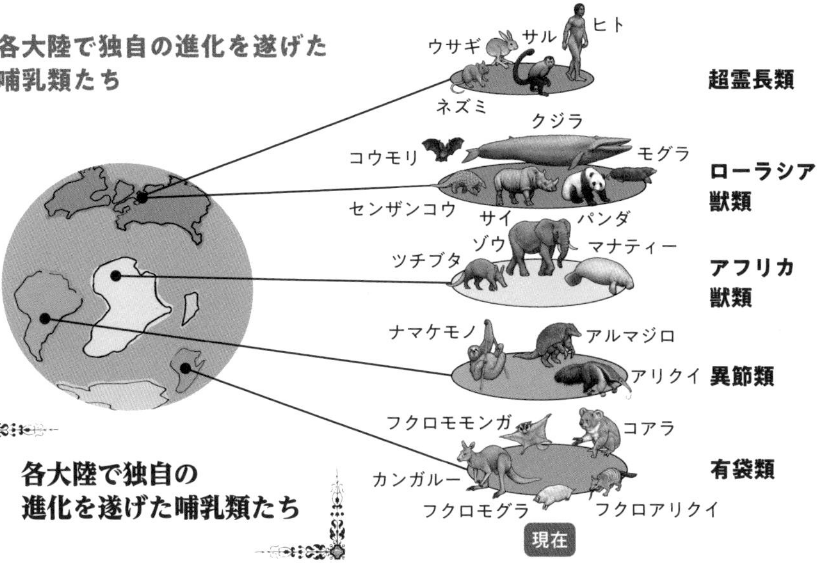

各大陸で独自の進化を遂げた哺乳類たち

南アメリカ大陸もかつては完全に海洋で孤立した大陸でしたので、アルマジロやナマケモノ、アリクイなどのような独自の哺乳類が生息しています。

これらは南アメリカ大陸で進化した「異節類《いせつるい》」というグループに含まれます。

哺乳類のなかには海に生活の場を変えたクジラや空を飛ぶコウモリがいますがそれらは例外で、そのほとんどが海を渡ることのできない陸上の動物でした。

そのため海でへだてられたそれぞれの大陸でそれぞれの哺乳類が独自の進化をして多様になっていくのは、必然なことだったのです。

哺乳類は姿形や体の大きさなど大変に多種多様であるがゆえに、神話やファンタジーの世界でも獣をモチーフとした幻想動物《げんそうどうぶつ》が数多く生まれたのだと思います。

UNICORN

神さまの使者

ユニコーン

ユニコーンは一角獣《いっかくじゅう》ともよばれ、額にらせん状の筋《すじ》が入った細長いツノが伸び、体形がウマに似た架空《かくう》の動物です。ユニコーンはきわめてどう猛で、相手がなんであろうと果敢《かかん》に向かっていき、そのするどくとがったツノの一突きでゾウをも倒すといいます。またユニコーンのツノは解毒作用《げどくさよう》があるといわれていたことから、海の一角獣といわれるクジラの仲間の「イッカク（実在の動物）」の牙が解毒作用のあるユニコーンのツノだと偽《いつわ》って売られていました。

大きさ --- 1～3メートル
生息地 --- 山奥や草原など
特　徴 --- 頭部のするどく硬いツノ
ツノには解毒作用もある
出　典 --- 旧約聖書 など

分類------ ウマなどの哺乳類
危険度 --- 🔥🔥🔥
必殺技 --- ツノによる一撃

神の使いとしても有名な伝説の動物です。
頭にツノがあるもののその姿は
ウマのようでもあるユニコーンの
進化を考えていきましょう。

PHANTOM BEAST

リアルに考察した「ユニコーン」

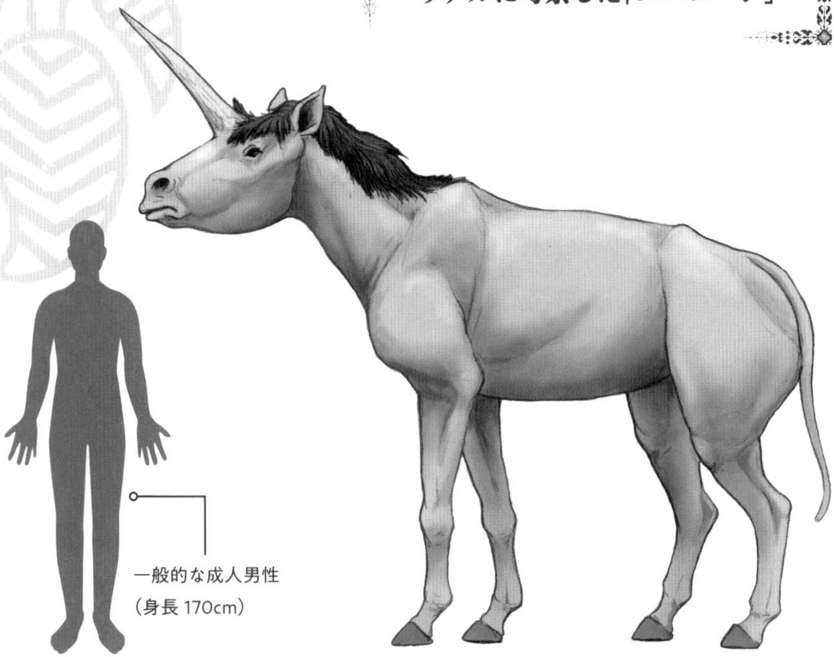

ウマのような姿に収斂進化したサイの仲間

ユニコーンはウマに似た体形をしていますので、ウマと同じ仲間といってしまいそうですが、**ここでは頭部に長いツノをもつところから、サイの仲間として考えたいと思います。**

じつはユニコーンの正体ともいわれる絶滅したサイの仲間がいます。

それは１万年ほど前までおもにシベリアで生存していたといわれる「エラスモテリウム」で、体長は５メートルとゾウに匹敵《ひってき》する大きなサイです。

現存するサイは１本ないし２本のツノが鼻先に伸びていますが、このエラスモテリウムはユニコーンのように額から１本のツノが伸び、その長さは２メートルほどの巨大なツノであったと推測されています。

リアル「ユニコーン」の骨格図

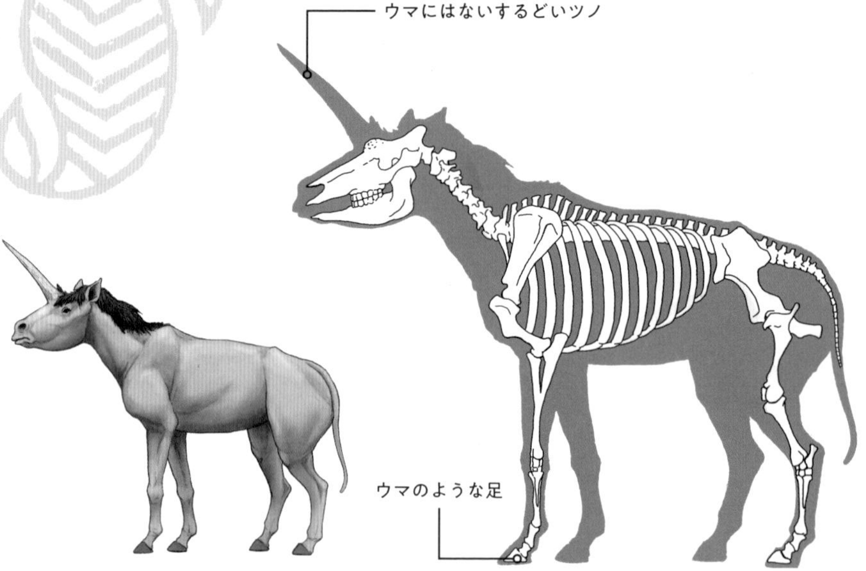

体形こそサイではあるものの、ユニコーンを彷彿《ほうふつ》とさせるのも無理ありません。

ただユニコーンが単純にツノがあるだけでサイの仲間とはいきません。

なぜならユニコーンの足はウマの足の指のように1本であるのに対し、サイの指は3本あるからです。

ウマの脚《あし》は走るためにとても都合よくできています。

ウマの祖先《そせん》の指はもともと複数あったのですが、走って地面を蹴《け》るだけなら指の本数が分かれている必要はなく（むしろないほうが良い）、ウマの仲間は進化の過程で足指が発達した第3指だけになったのです。

その結果、軽量化にもつながったでしょう。

同様に3本あるサイの足の指も退化《たいか》して、ウマの脚のように第3指（中指）だけになり、さらにウマのようなスマートな体形に進化して、ユニコーンのような姿になったのではないかと考えられます。

このように別の種にもかかわらず、同じような進化をすることを「収《しゅう》

奇蹄類、偶蹄類の足の骨格

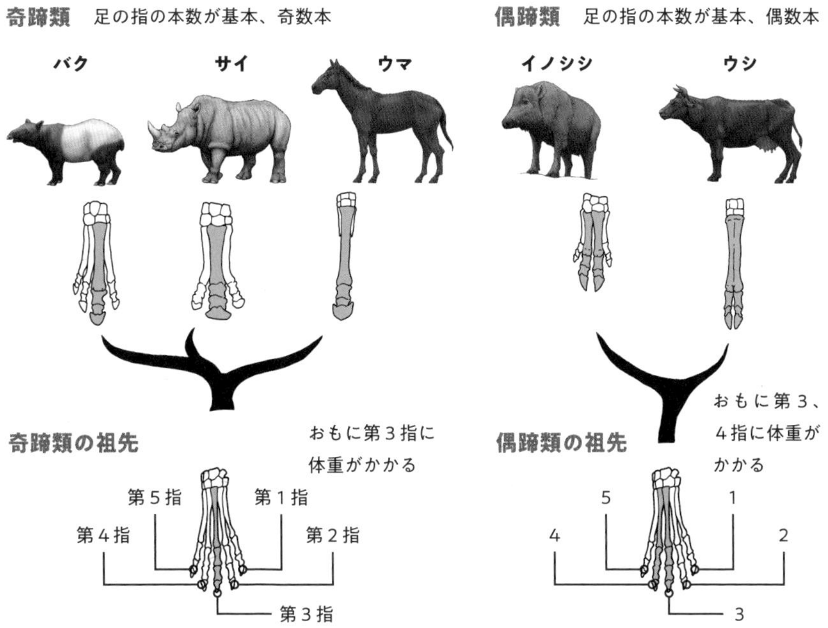

斂進化《れんしんか》」といいます。

サイから進化したユニコーンはウマのように走ることに特化したサイの仲間だったわけです。

ただ、旧約聖書に登場し、紋章にもよく描かれているヨーロッパに伝わるユニコーンは蹄《ひづめ》がたいてい２つに分かれています。

奇数の蹄をもつ奇蹄類《きているい》（サイの３本の蹄、ウマの１本の蹄）とは違って、これは偶蹄類《ぐうているい》（ウシやシカ、イノシシなど）の偶数の蹄をもつ有蹄《ゆうてい》動物《どうぶつ》の特徴です。

それではユニコーンは偶蹄類なのでしょうか。

実はヨーロッパに伝わるユニコーンはもともとインドで目撃された未知の動物がもとになっており、その未知の動物はおおよそ蹄が一つのツノをもつ馬のような動物と報告されています。

やはり、ユニコーンは蹄が一つになったサイの仲間ではないでしょうか。

いつ現れてもおかしくない現実的な幻獣

ユニコーンはサイの仲間からサイの特徴であるツノを引き継いでウマのような姿に進化しました。

実際に大昔にはサイの仲間に近いヒラコドン科はサイのようなドッシリとした体形ではなくウマのようなスマートな体形で、別名ランニングライノス（走るサイ）ともよばれています。

サイの仲間もウマの仲間も同じ「奇蹄類《きているい》」という基本的に指とその先に伸びる蹄の数が奇数である哺乳類《ほにゅうるい》のグループに含まれます。

サイの足先は蹄《ひづめ》が３つで、ウマは一つしかありません。

もともと５本あった指ですが、真ん中の第３指に体重がかかってい

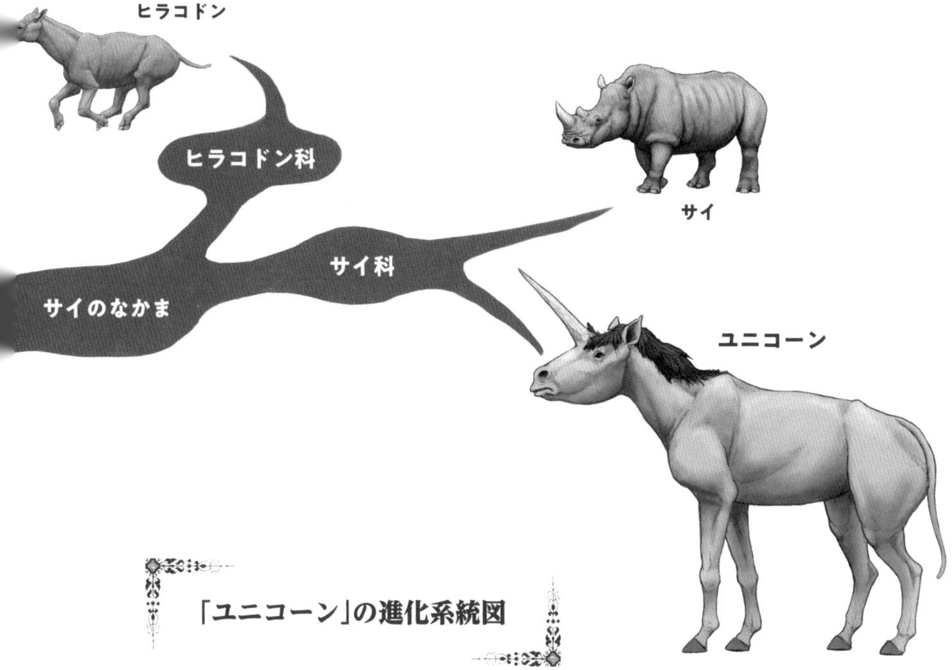

「ユニコーン」の進化系統図

るので、いちばん端っこにある第１指（親指）と第５指（小指）は体重があまりかかりません。

すると必要なくなって、退化し、第２指（人《ひと》差《さ》し指）、第３指（中指）、第４指（薬指）の３本（奇数）が残りました。

そして最終的に第３指の１本（奇数）だけが残るといった具合です。

もっとも原始的なウマに「ヒラコテリウム」という種がいますが、前足に４本、後足に３本の指があったそうです。

その指は進化の過程で消失し、もっとも体重のかかる第３指のみを残して、現在のウマにいたっています。

このことから、**サイの足指もいずれは第３指を残して指が消失し、ユニコーンのような動物が現れる、今はまだその途中なのかもしれません。**

迷宮の番人

ミノタウロス

古代ギリシャの神話に登場する人間の体に雄牛《おうし》の頭をもつ獣人。伝説ではクレタ島の王ミノスの妻が白い雄牛に異常な欲情をいだき、その間に生まれた子どもがミノタウロスで、ミノス王は職人にラビュリントスという巨大な地下迷宮をつくらせ、そこにミノタウロスを幽閉《ゆうへい》させました。ミノタウロスは人肉を好み、毎年7人ずつの少年少女を生けにえとしてささげられたといわれています。最後は英雄《えいゆう》テセウスによって倒されました。

大きさ --- ２メートルほど
生息地 --- クレタ島の迷宮
特　徴 --- 頭部にウシの顔、ヒトの体をもつ
出　典 --- ギリシャ神話 など

分　類 --- 哺乳類
危険度 --- 🔥🔥🔥🔥
必殺技 --- 異常な体力
斧による一撃

ギリシャ神話に登場するミノタウロス。
ウシとヒトの混成生物ですが、
実際の進化では可能なのかを
考えていきたいと思います。

リアルに考察した「ミノタウロス」

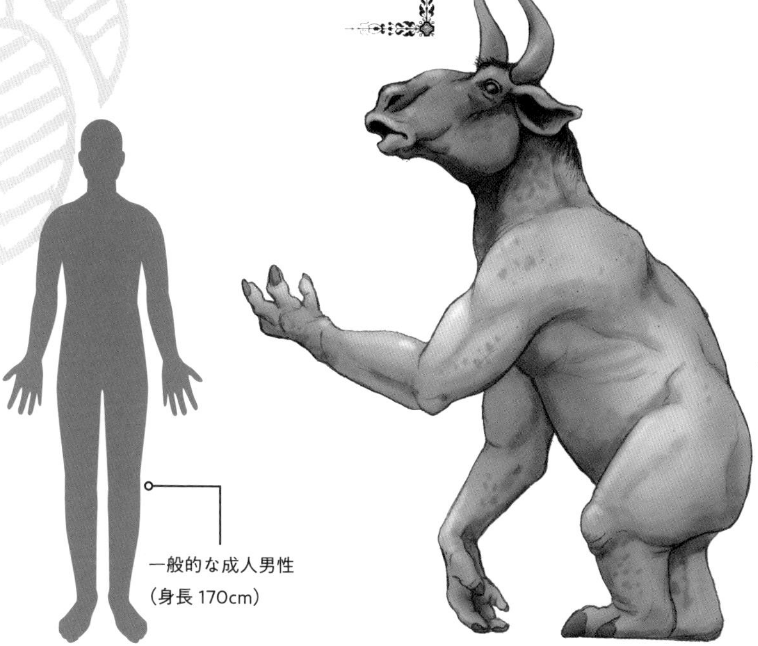

類人猿のような姿勢のウシの仲間

化石や骨などから動物の種の特定をするには、頭骨がいちばんの手がかりとなります。

ミノタウロスは頭がウシで体が人間という混成タイプですので、現実世界の動物の分類に当てはめるとするならば、やはりウシの仲間だと考えられます。

ウシの仲間からミノタウロスのような動物に進化したとすると、「体の姿勢の変化」という視点で進化していったと考えるのが妥当《だとう》でしょう。

つまり、ウシは４本の足で立ちますが、ミノタウロスはその上体を起こして後足２本で立ち上がる２足歩行になればいいわけです。

人間のように常に胴体《どうたい》をきれいに垂直に立たせる姿勢は生物史上で人

リアル「ミノタウロス」の骨格図

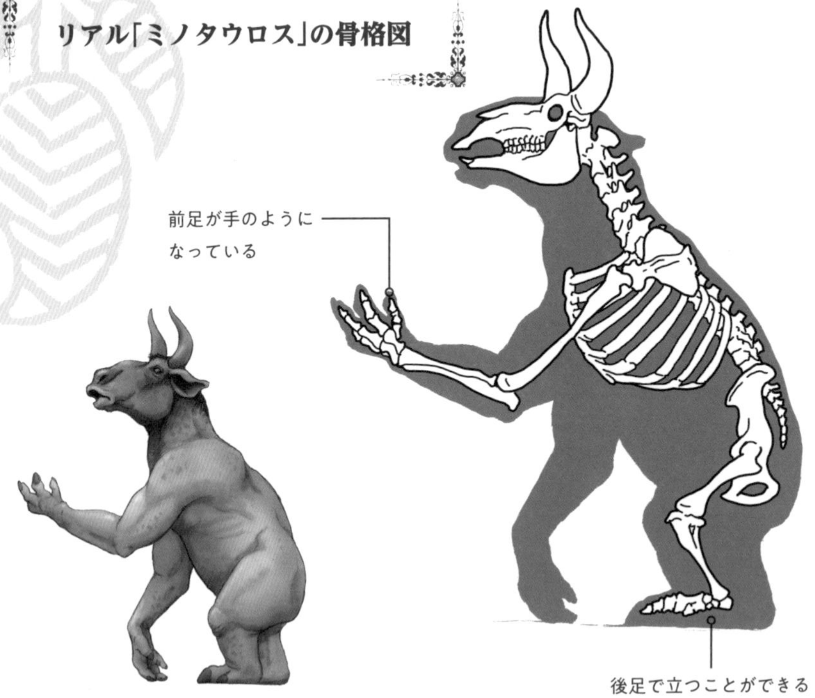

間のみのレアなケースですが、ゴリラやチンパンジーのような姿勢のウシがいることは十分に考えられます。

またミノタウロスの足は４本の指に分かれています。

歩行から解放され自由になった前足の４本指のいずれかが人の手の親指のようになれば（これを母《ぼ》指《し》対向性《たいこうせい》という）、「ものをつかんでもつ」などの人間の手のような役割を果たすことができるでしょう。

さて、ウシの仲間の分類名は「クジラ偶蹄類《ぐうているい》」とよばれます。

ウシやイノシシなどの蹄《ひづめ》（指）の数が２本ないし４本あることから偶蹄類とよばれています。

最近の動物の遺伝子の調べでクジラがウシの仲間と近縁《きんえん》であることがわかったことで、ウシの仲間にクジラを含めてクジラ偶蹄類とよぶようになりました。

このクジラ偶蹄類は哺乳類のなかでも大きく成功したグループといわれています。

カバ、ウシ、ミノタウロスの前足骨格図

カバの前足　　ウシの前足　　ミノタウロスの前足

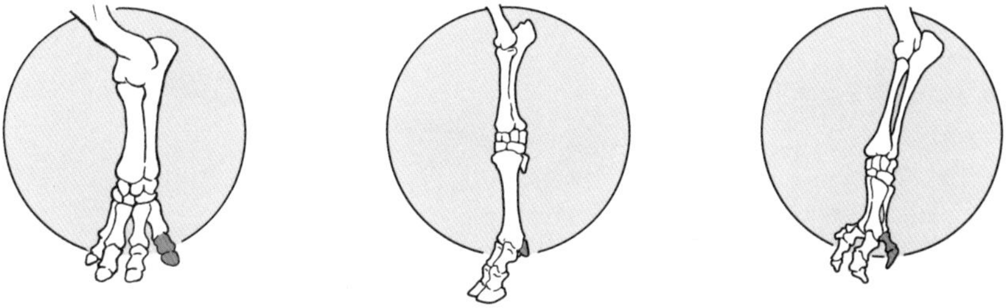

第２指は地面にしっかりついている

第２指が小さくなっている

第２指が母指対向性となっており、ものをつかむことができる

というのも砂漠に適応したラクダ、首の長いキリン、そして海洋にまで進出したクジラと多様性がいちじるしいからです。

そんな多様性のなかで、ミノタウロスのような類人猿《るいじんえん》姿勢《しせい》のウシが今なお進化の過程で現れていないことは、何か理由があるのかもしれませんが、とても不思議なことです。

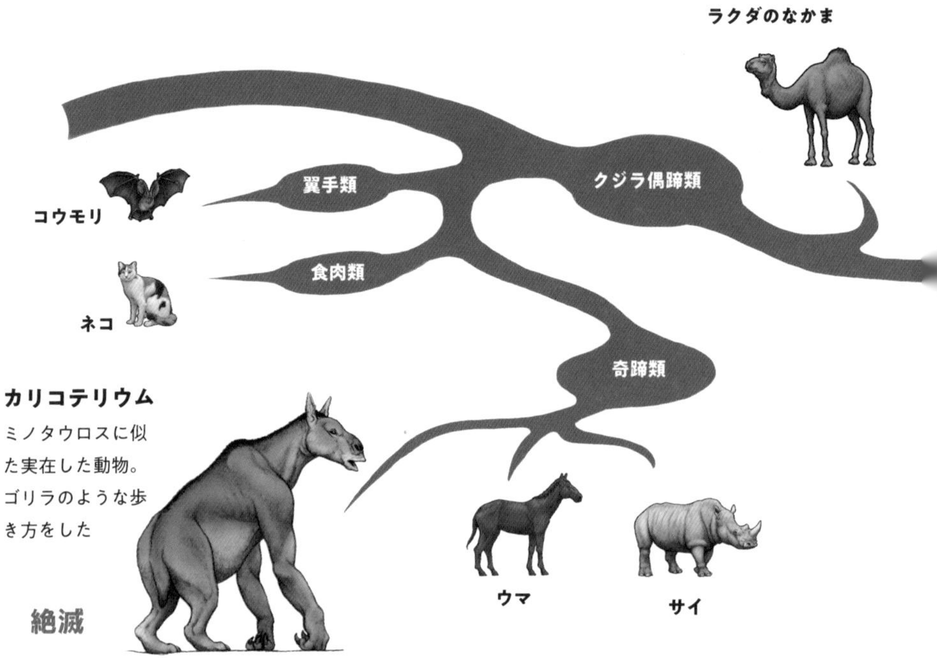

実在したミノタウロスに似た動物

残念ながら、ミノタウロスに似た類人猿姿勢《るいじんえんしせい》のウシの仲間は今も大昔も確認されていません。

しかし驚くことにウシの仲間以外では類人猿姿勢の動物が大昔に実在しています。

その一つに500万年前あたりまでに生息していたカリコテリウムがいます。

ウマやサイなどの「奇蹄類《きているい》」といわれる蹄《ひづめ》（指）の数が１本ないし３本の草食動物で、頭はウマに似ているものの、体形は前足が後足にくらべて極端に長く、背中はひどく傾斜《けいしゃ》していました。

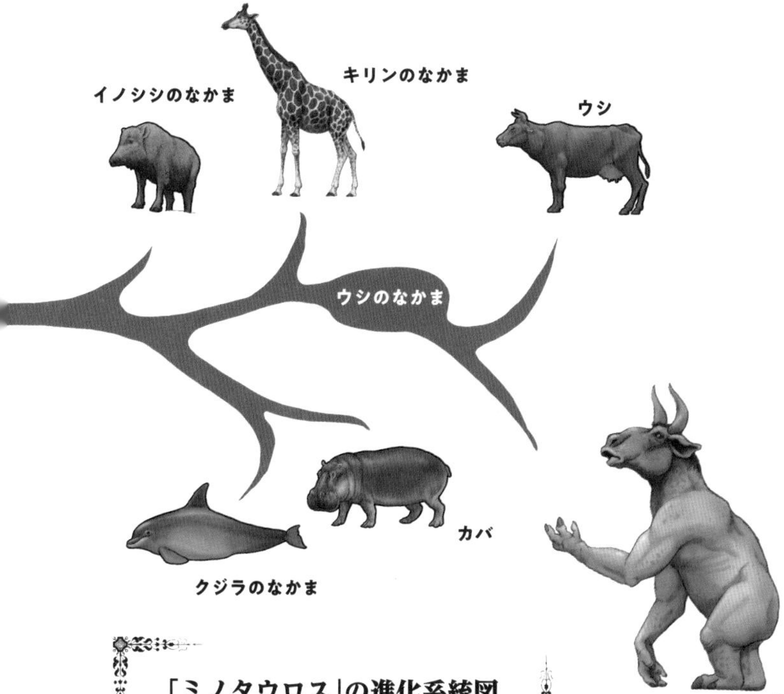

「ミノタウロス」の進化系統図

さらに極端に長い前足には草食動物でありながらするどいかぎ爪があり、そのかぎ爪は地面につかず、内側にむけてナックルウォークをしていたといいます。

ウマやウシのような草食動物の頭部をもち、類人猿のような体つきと歩き方をするカリコテリウムはまるで馬づらをしたゴリラのようでミノタウロスにも似た動物ともいえるでしょう。

幸運を運ぶ聖獣

麒麟

中国にもユニコーンのような一角獣《いっかくじゅう》の伝説があります。それが麒麟《きりん》です。額にはツノが伸びていて、そのツノは短く肉質とも、長さ3メートルもあるともいわれています。性格は、どう猛なユニコーンとは対照的におだやかで、生きているものは食べず、枯れた植物のみを食べて生きているといわれています。古くは中国の思想家である孔子《こうし》や、モンゴルの大帝・チンギスハーンの部隊が目撃したといわれていますが、人前に姿を現すことはめったになく、この動物を見ると縁起《えんぎ》が良いといわれています。

大きさ --- ３～４メートル
生息地 --- 草原、砂漠など
特　徴 --- 鹿のような体と鱗のある皮膚、１本のツノとウマのような足
出　典 --- 中国の故事 など

分　類 --- 哺乳類
危険度 ---
必殺技 --- おだやかな性格
吉兆の知らせをする

東洋の一角獣ともいわれる麒麟は
いろんな種の特徴をもっています。
はたしてシカやウマなどに近い種の
進化を経たのでしょうか。

リアルに考察した「麒麟」

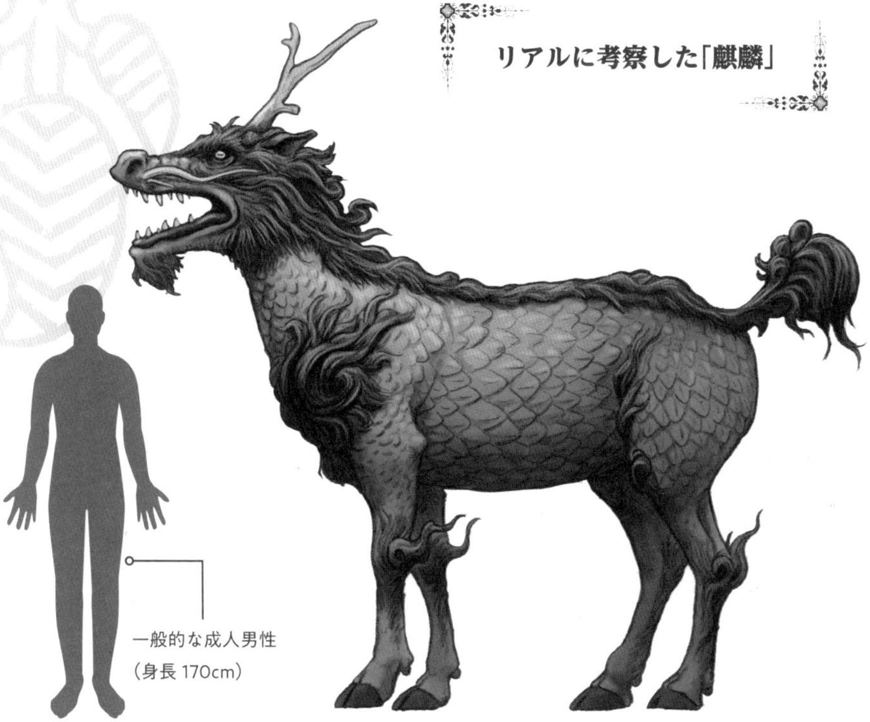

麒麟はクジラの仲間

麒麟《きりん》の外見はシカの体、ウマの蹄《ひづめ》、ウシの尾をもつといわれるその体型、足元の虫や植物を踏《ふ》むことさえ嫌《きら》うおだやかな性格、枯れた植物を食べるという生態を考えると草食動物のように思えます。

ただ頭部は龍《りゅう》やワニに似ており、大きく口が裂けて、するどい歯がならびます。

これは明らかにどう猛な肉食動物の顔つきで、頭と体で大きな矛盾《むじゅん》を感じる生物です。

矛盾点がもうひとつあります。

ウシやウマなどのような草食動物の体型ながら、体表にはところどころ長い体毛が生えるものの、ウロコがならぶ爬虫類《はちゅうるい》的要素があることです。

リアル「麒麟」の骨格図

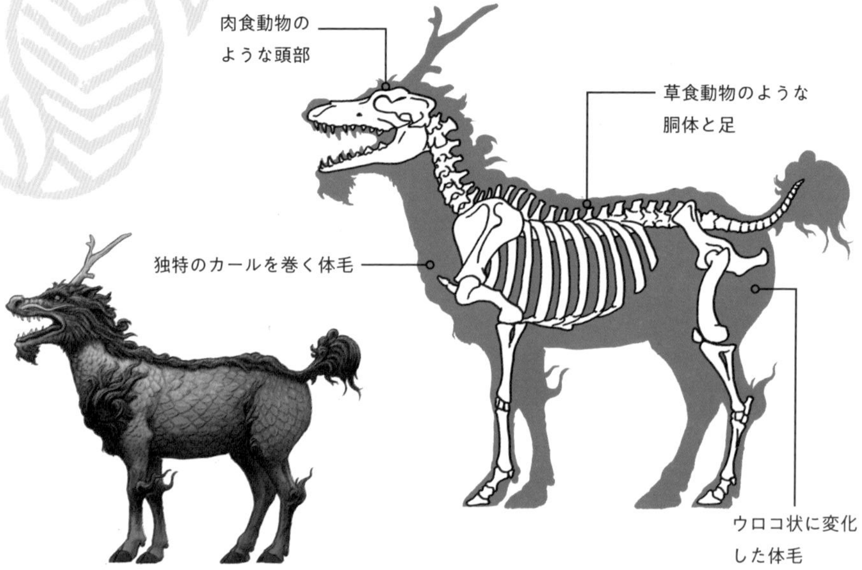

ただ、爬虫類《はちゅうるい》のウロコは哺乳類《ほにゅうるい》の体毛と起源は同じで、タンパク質の一つ、ケラチンでできています。

麒麟《きりん》もまた体毛をウロコのような形に変化させたと考えられるのです。

さて、草食動物の体型ながら、頭部は肉食動物のようであるという矛《む》盾点《じゅんてん》に話をもどしますが、そのような動物はありえるのでしょうか。

実際に麒麟の姿に近い動物が大昔にいました。

それは意外にもクジラの祖先《そせん》です。

現在、クジラの仲間はヒゲクジラやイルカなどは海洋に、カワイルカは河川《かせん》といった水界に生息しています。

しかし、クジラの仲間は哺乳類なので、その祖先は４本足で陸上を歩いていた動物です。

４本足のクジラで代表的な種がおおよそ5000万年前に生息した「パキケタス」という動物です。

イヌ、ウマ、歯クジラの頭部骨格図

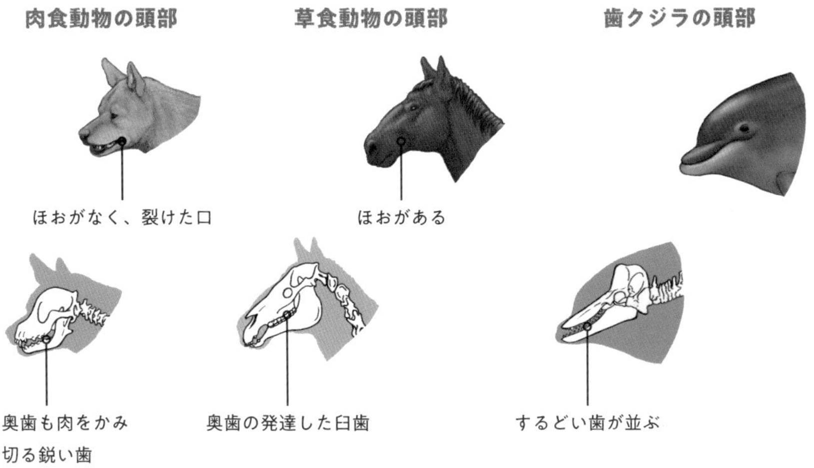

すでに絶滅してしまいもう存在しない動物ですが、化石はパキスタンやインドで発見されています。

クジラの祖先といってもしっかりとした４本足をもっていて、足にはウマやウシのような蹄をもつ有蹄動物《ゆうていどうぶつ》です。

草食動物の特徴の蹄があるものの、長いアゴにはイルカやシャチなどの歯クジラのようにするどい歯がならび、肉食動物のような顔であることは麒麟に共通していますね。

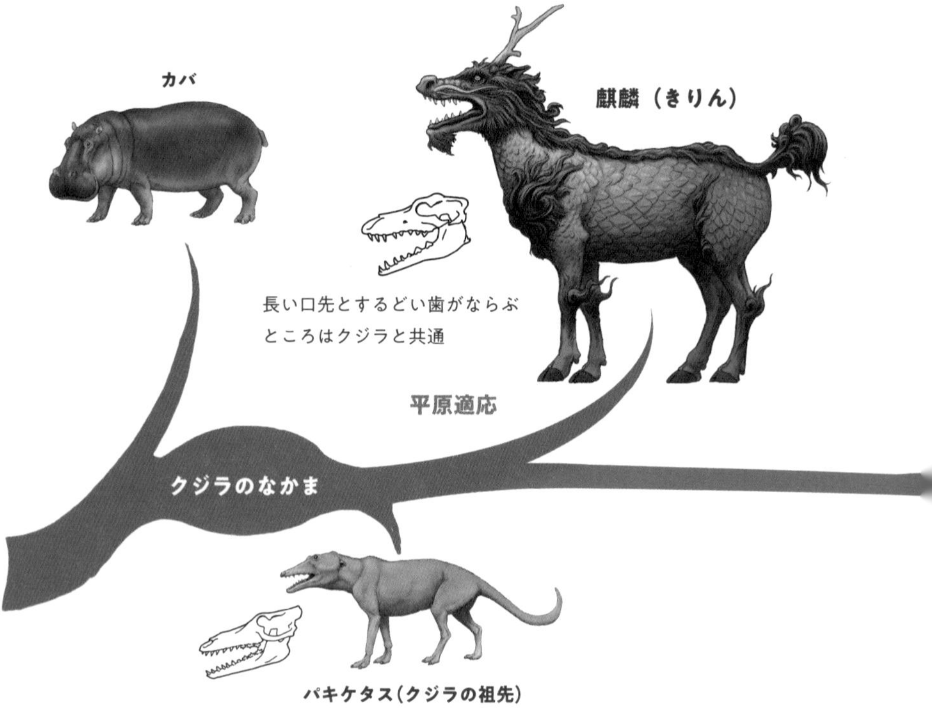

クジラの仲間は実はウシの仲間

陸上を４本の足で歩くクジラの祖先《そせん》の化石はそのほとんどがインドやパキスタンとおもに南アジアの地域で発見されますが、最近の調査ではエジプトでも４本足のクジラの化石が発見されたようです。

2021年に報告されたその新種の４本足のクジラは頭蓋骨《ずがいこつ》が肉食動物のジャッカルの印象があることから、ジャッカルの頭をもつ古代エジプトの死者の神「アヌビス」にちなんで「フィオミケタス・アヌビス」と命名されています。

フィオミケタスは獲物をとらえるための強力なアゴをもち、水陸両《すいりくりょう》生《せい》で生活する半水生のクジラとみられています。

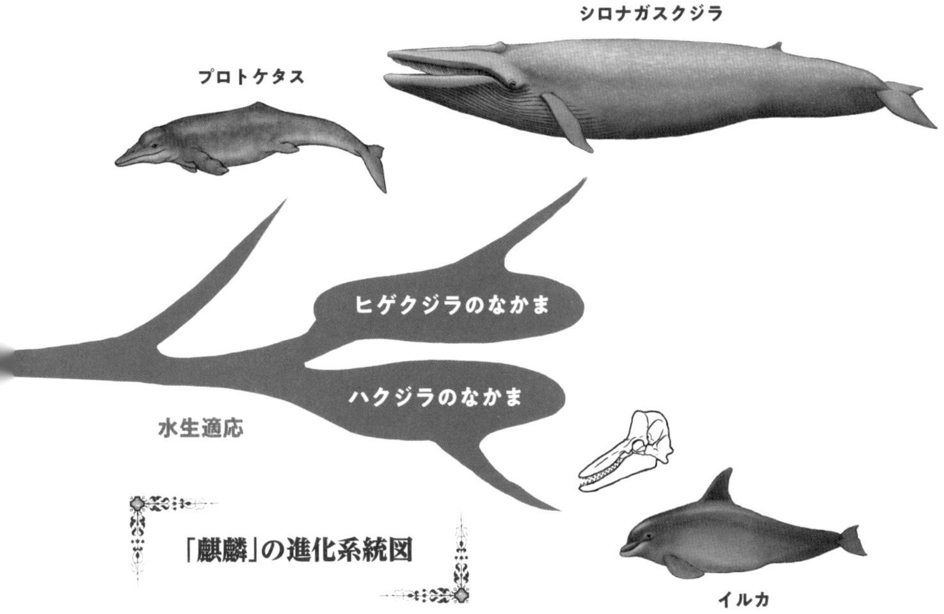

「麒麟」の進化系統図

これら、パキケタスやフィオミケタスなどの４本足のクジラからさらに水生適応《すいせいてきおう》して、現在のようなクジラに進化しました。

一方、陸生の４本足のクジラから、生活の場を海にうつすのではなく、地上生活にとどまるクジラの祖先もいたかもしれません。

そこからさらなる内陸に生息し、そこで適応した動物がウシやウマのような体形になったとすると、麒麟《きりん》のような姿になるのではないでしょうか。

麒麟もパキケタスのように長いアゴにするどい歯がならぶ肉食獣の顔つきですが、生きている生物の殺生《せっしょう》を嫌《きら》います。

そのため、枯れた植物だけを食べるといわれていますが、動物を捕食するような行為はせずに、命を失った動物をハイエナのようにするどい歯で骨をもかみくだき、食べていたのかもしれませんね。

神話かUMAか

トランコ

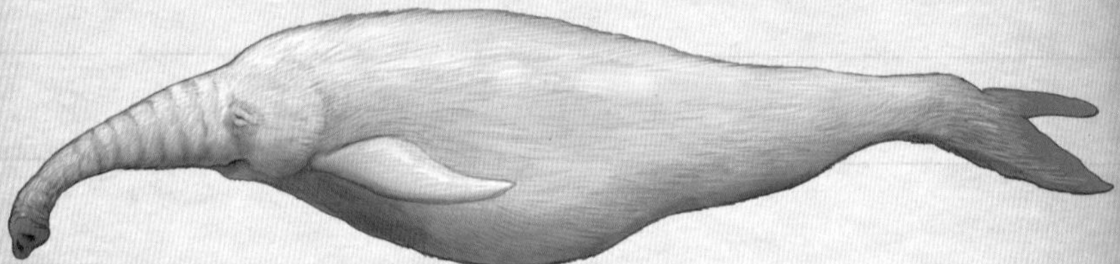

今から100年ほど前の1922年、南アフリカの海岸で目撃された未確認動物。海上で2頭のシャチと争っていたというこの未確認動物はその闘争の後力尽き、砂浜に打ち上げられました。打ち上げられた死骸《しがい》は全長15メートルもあり、巨大なアザラシのような「海生《かいせい》哺《ほ》乳類《にゅうるい》」の印象があり、頭部にあたる部分にはゾウのような長い鼻があったといいます。一説によるとインドや東南アジアで信仰《しんこう》されるヒンドゥー教のインド神話に登場する幻獣《げんじゅう》「マカラ」なのではないかともいわれています。

大きさ --- 10 ～ 15 メートル

生息地 --- 南アフリカの海

特　徴 --- 長い鼻にふくらんだ胴体、アザラシのような尾

出　典 --- 口伝、目撃談 など

分　類 --- 哺乳類

危険度 ---

必殺技 --- 自由自在に海の中を泳ぐ

目撃情報や死骸の発見から有名になったトランコ。
そこからわかる特徴は象のようでもあります。
水面に浮かぶその姿は
どんな進化だったのでしょうか。

リアルに考察した「トランコ」

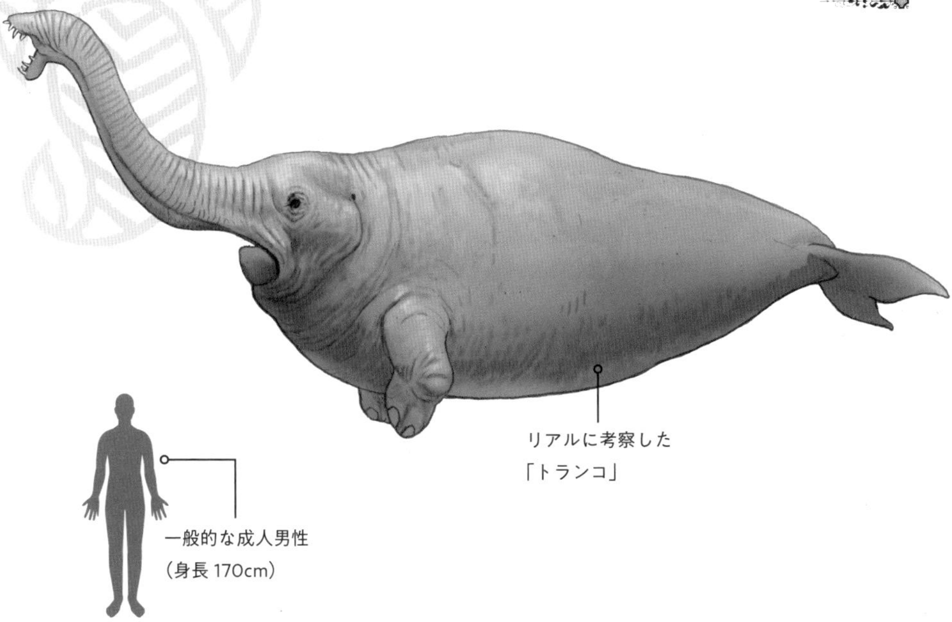

水生適応したゾウの仲間

アザラシやクジラ、ジュゴンやマナティーなどは体全体が水の抵抗を受けにくい紡錘形《ぼうすいけい》（まん中が太く、両端がしだいに細くなる形）になっており、水中で活動するには大変都合のよい形をしています。

またトランコはクジラやジュゴンと同様に前足が変化したヒレはあるものの、後足が変化したヒレがありません。

つまり後足は退化しています。

水生適応《すいせいてきおう》のパターンが哺《ほ》乳類《にゅうるい》と同じということを踏《ふ》まえるとトランコは海生《かいせい》哺《ほ》乳類《にゅうるい》であると考えられます。

そしてトランコのもっともユニークな特徴が、頭の先にあるゾウのような長い鼻です。

哺乳類であり、長い鼻を持つことを考えるとトランコはゾウの仲間が

リアル「トランコ」の骨格図

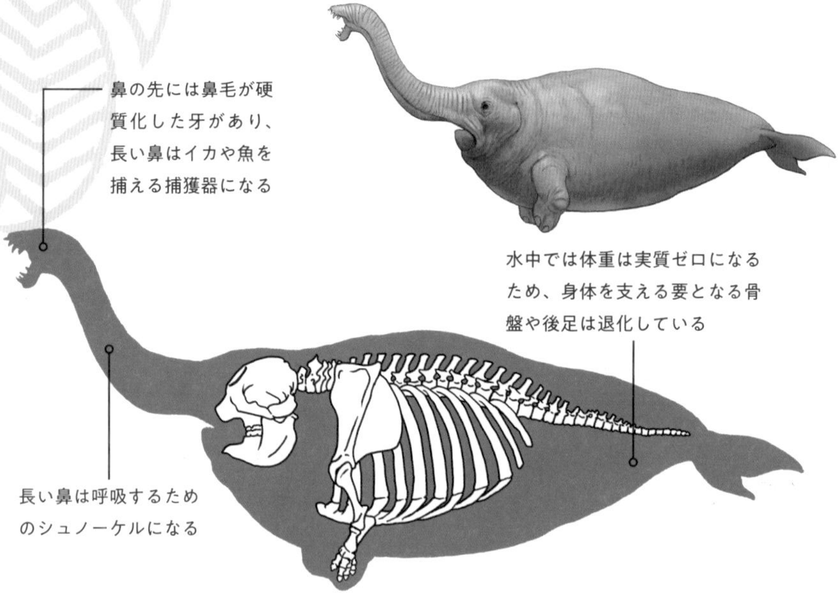

陸から海洋での生活に移行し、水中適応した体に進化した生物なのではないかと考えられます。

トランコは哺乳類《ほにゅうるい》ですので、アザラシやクジラのように呼吸するために水面に顔を出す必要があります。

そこでシュノーケルのようにして長い鼻を海面に出し水中にいながら呼吸していたのだと考えられます。

ゾウの仲間が水中適応すると、水中では浮力《ふりょく》が働き自らの体重は実質ゼロになるので、地上で体を支えていた足は必要なくなり退化していったと推察できます。

先に述べたようにクジラやジュゴンなどの海生哺乳類もその祖先《そせん》は陸を歩行する動物で、水生適応する進化の過程で、地上での体の支えの要《かなめ》となる骨盤《こつばん》や後足をなくしています。

おそらくゾウの仲間も水生適応すれば、クジラやジュゴンと同じような進化の道筋をたどると考えられます。

トランコと比較したい哺乳類

トランコの特徴に近い哺乳類

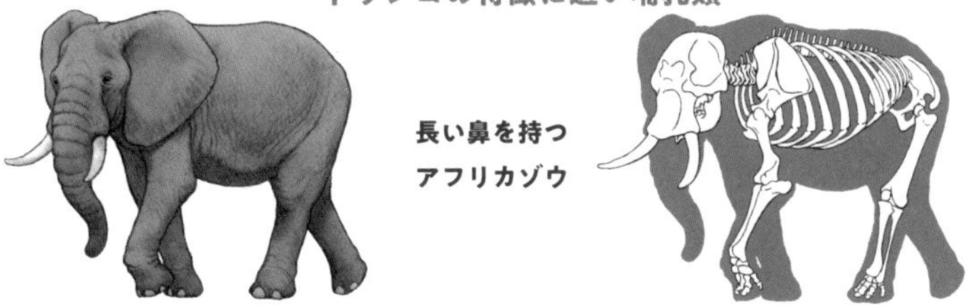

生涯を水中で過ごす哺乳類

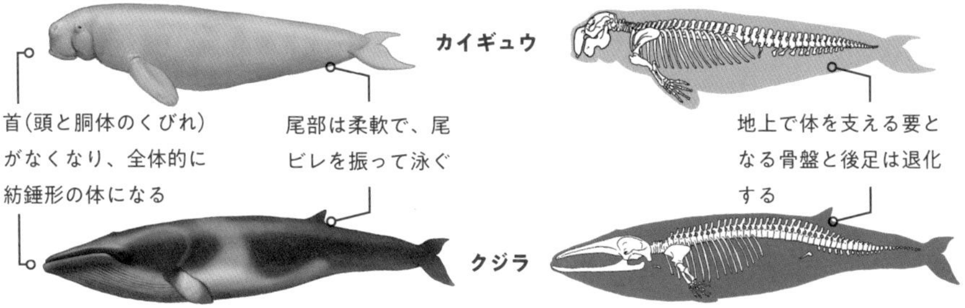

またゾウの長い鼻の先端には毛、いわゆる鼻毛があります。

それが硬質化すれば牙《きば》のような役割になるでしょう。

その牙と長い鼻を生かせば、すばやく泳ぐイカや小魚を捕獲する器官として役立つことも考えられます。

長い鼻先で捕獲したイカや小魚を口に運んで食べる。

地上でも水中でも、ゾウの長い鼻は多用途《たようと》に役立つわけです。

「トランコ」の進化系統図

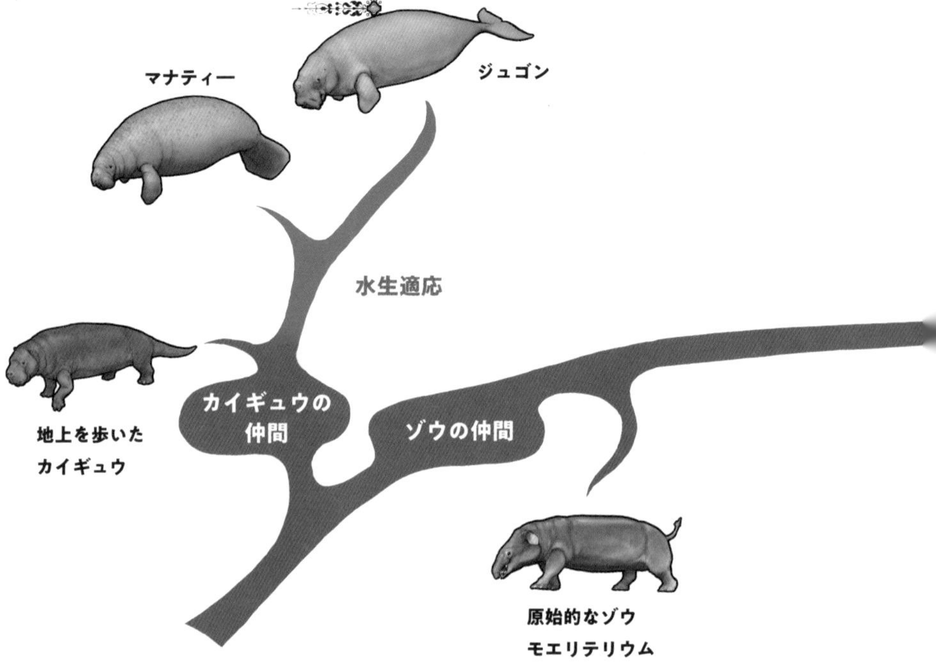

ネッシーの正体はトランコ？

現存するゾウでも、川を渡るために水中を移動するときには長い鼻を水面から出して呼吸をしたり、鼻を器用に使ったりしますので、その姿だけ見ればトランコは実在しそうです。

とはいえトランコがゾウの水生適応種《すいせいてきおうしゅ》としても、長い鼻をもつ海生《かいせい》哺《ほ》乳類《にゅうるい》は大昔も現在も確認されてはいません。

ぬっと伸びた鼻とトランコの胴体《どうたい》の上部が水面に出てゆったりと動いているシルエットを想像してみると、ネス湖のネッシーを想起させます。

ネッシーとはイギリスのネス湖で目撃された有名な未確認生物で、

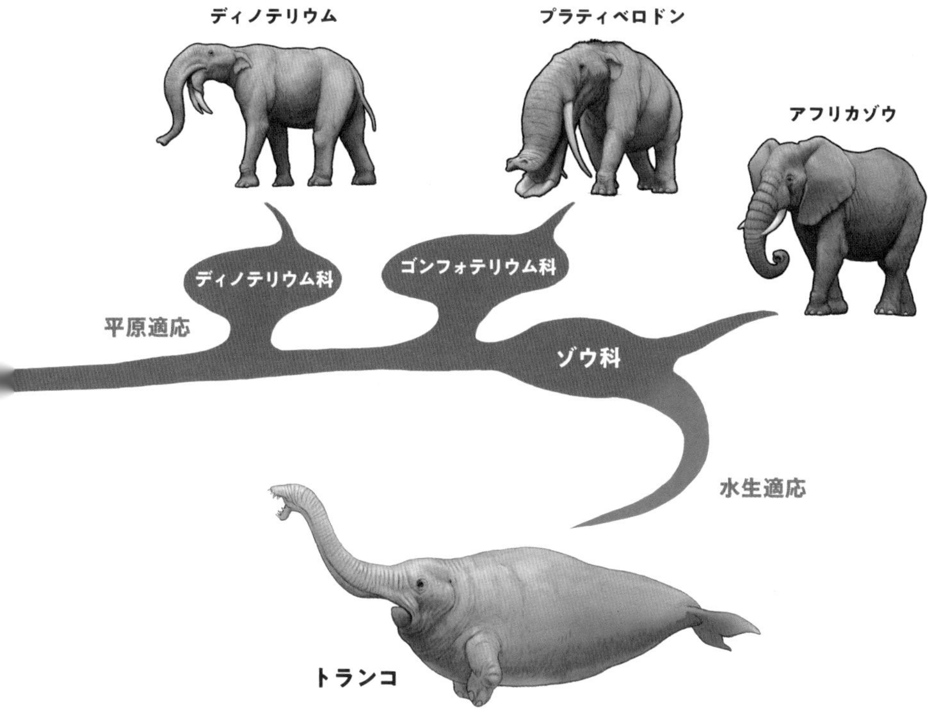

ネッシーに似た未確認生物が日本を含め、世界各地の淡水湖で目撃されています。

その正体は恐竜などがいた中生代の時代の海洋に生息したヘビのような長い首をもつ海生《かいせい》爬《は》虫類《ちゅうるい》「首長竜《くびながりゅう》」ともよくいわれます。

しかしその首長竜も6600万年前の大昔に恐竜とともに途絶《とだ》えており、現在に首長竜がそのままの姿で生き残っていることは考えにくいと思います。

やはりネッシーなどの正体は未確認のゾウの１種、あるいはトランコではないでしょうか。

ポセイドンの愛馬

ヒッポカムポス

ギリシャ神話に登場する水棲馬《すいせいば》で、一般的に描かれている姿はウマの前半身《ぜんはんしん》と魚の後半身《こうはんしん》をもった動物です。この伝説上の生き物は、ギリシャ神話において海の神・ポセイドンの黄金の馬車を引いたといわれています。また、古代メソポタミアやインド、ルーマニアやフィンランドなど、ウマが存在した文明には水棲馬の伝説があり、スコットランドでは「ケルピー」とよばれ、嵐の前ぶれとして現れるなどの伝承があります。

大きさ --- 2～3メートル

生息地 --- イギリスやイタリア、インドなどの海

特　徴 --- ウマのような体に魚のような尾

出　典 --- ギリシャ神話 など

分　類 --- 哺乳類

危険度 --- 🔥🔥🔥

必殺技 --- 変身、
自然（おもに水）をコントロールする
など

前半身がウマで後半身が
魚のような出で立ちのヒッポカムポス。
では水生のウマとして進化したとしたら、
どんな姿になっていたのでしょうか。

リアルに考察した「ヒッポカムポス」

ウマの祖先が水生適応した姿

ヒッポカムポスは前半身《ぜんはんしん》がウマ、後半身《こうはんしん》が魚といわれる水棲馬《すいせいば》です。

つまり、水生適応《すいせいてきおう》したウマの仲間で、スコットランドから北欧にかけての大海原《おおうなばら》を遊泳していたとされています。

そう考えるとクジラのようにより進んだ水生適応がみられるでしょう。

ヒッポカムポスはイルカのように後足と骨盤《こつばん》は退化《たいか》し、柔軟性のある尾とその先端の尾ビレを力強く振って泳ぎます。

前半身はウマといっても、前半身にある前足はヒレとなって水中での姿勢の安定やかじ取りなど、泳ぎの補佐的な役割があったと考えられます。

このヒレとなった前足は骨格的には４本の指の骨が伸長《しんちょう》してヒレのよ

リアル「ヒッポカムポス」の骨格図

うになっています。

しかし、ウマの指は中指にあたる第３指の１本の指しかありません。

指１本だけでは、オールのような幅広い形状のヒレを支えることはできません。

また動物の進化の法則上、１本になってしまった指から再び指の本数が増えることはほぼないといわれています。

つまりヒッポカムポスはウマから水生適応していたわけではないと考えられます。

実はウマの祖先《そせん》は指が複数ありました。

ウマの祖先にあたる動物の一つにおおよそ5000万年前に生息した「ヒラコテリウム」がいます。

ヒラコテリウムは姿や骨格はウマと似ていますが、ウマの足の指は１本のみなのに対し、ヒラコテリウムの前足の指は４本、後足は３本あります。

ヒラコテリウム、ウマ、ヒッポカムポスの足の骨格図

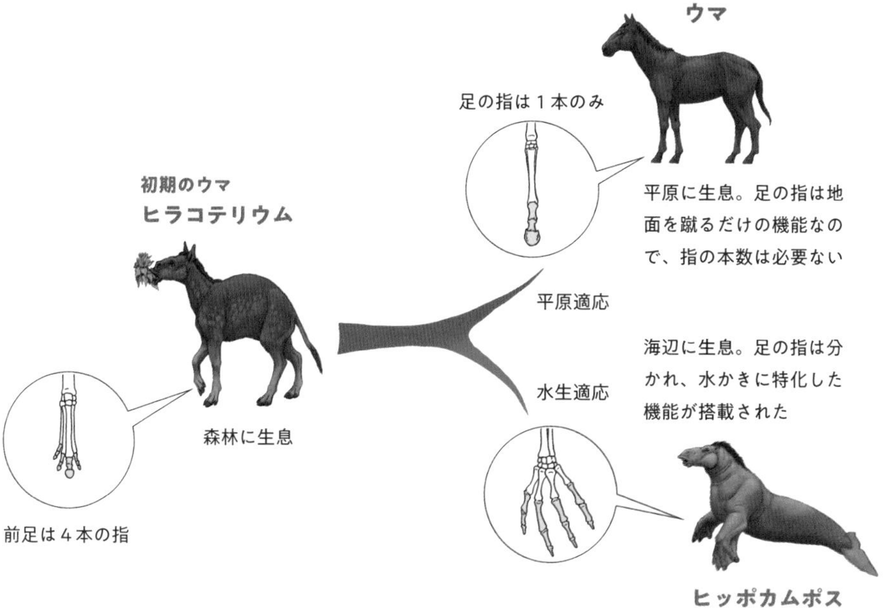

このヒラコテリウムが水生適応した場合、前足の４本の指が細長く伸びて、ヒレを支える骨になったと考えることができます。

ヒラコテリウムは森林に生息していました。

そのヒラコテリウムが森林から出て草原にすみ、そこで適応したのがウマですが、一方で水中に生活の場をうつし、進化したのがヒッポカムポスではないかと考えられます。

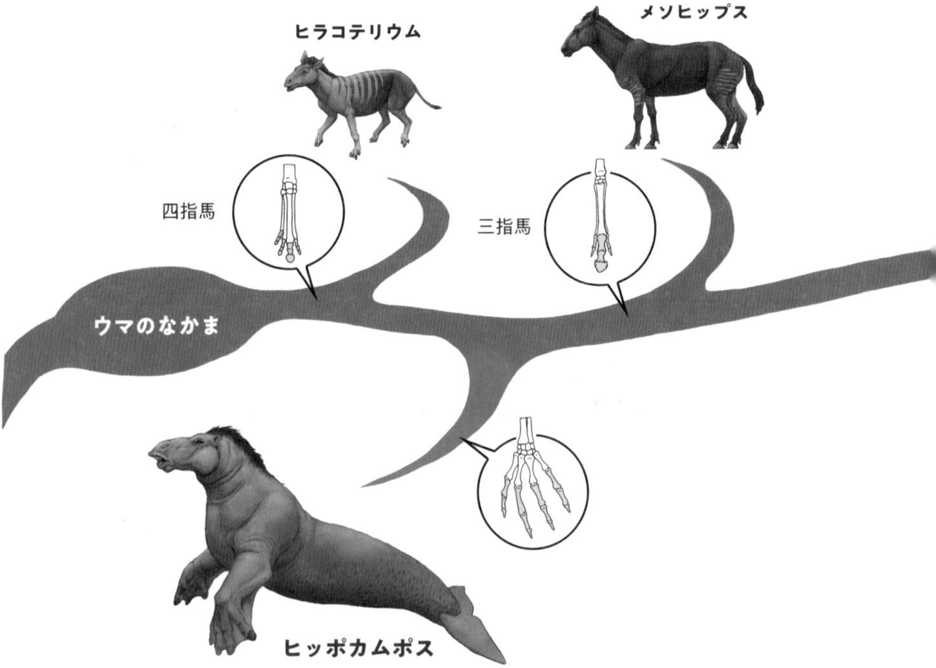

水生ウマはすでに絶滅している？

初期のウマで、前後の足の指が複数に分かれているヒラコテリウムはなぜ現在のウマのような１本指の足へと変化したのでしょうか。

ヒラコテリウムは森林に生息していましたが、世界の気候が乾燥寒《かんそうかん》冷化《れいか》したことで森は衰退《すいたい》、そのかわりに草原が拡大し、それにともなってウマの仲間も森を出て草原で生きていくしかなくなりました。

草原ではウマの仲間にとって足の指は地面を力強く蹴《け》るためだけの機能が大切になってくるので、これまでのような指の本数は必要なく、もっとも体重のかかる第３指（中指にあたる）だけを残して指の数を退化させていったのです。

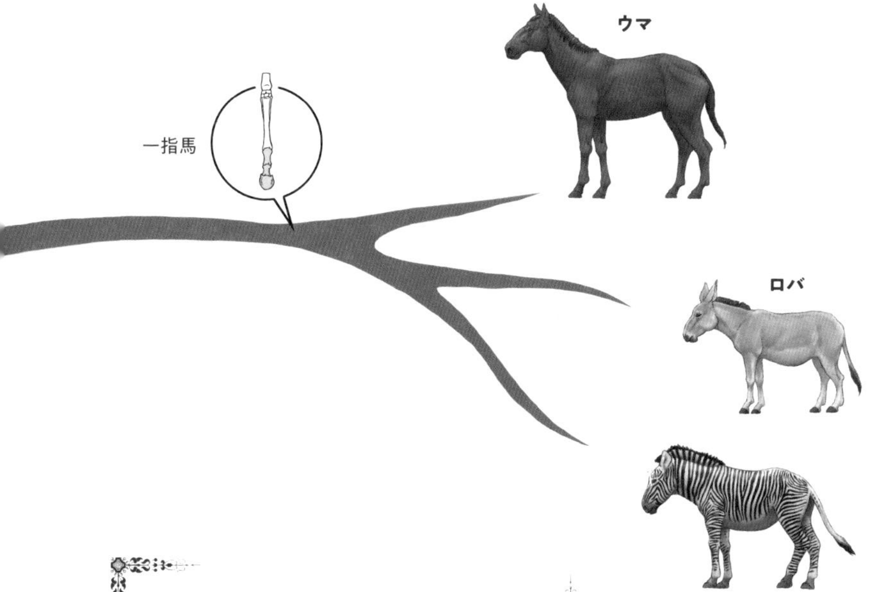

「ヒッポカムポス」の進化系統図

森が草原に様変わりすることによって現在のウマの姿が確立されたわけですが、**同じように草原ではなく海辺に生活の場をうつしたヒラコテリウムなどの原始的なウマの仲間から、ヒッポカムポスのような水生適応したウマに進化する可能性も十分にあります。**

実際、水生適応《すいせいてきおう》した哺乳類《ほにゅうるい》は多く、もっとも水生適応したのはクジラの仲間で、ウシやカバなどの「クジラ偶蹄類《ぐうているい》」、アザラシやアシカなどの肉食獣で構成される「食肉類《しょくにくるい》」、ゾウの仲間に近いジュゴンやマナティーの「海牛類《かいぎゅうるい》」もいます。

これだけいるにもかかわらず、ウマやサイなどの「奇蹄類《きているい》」に水生適応した動物は今も昔も確認されていません。

実は絶滅してしまったものの、大昔にはいて、化石としてまだ発見されていないだけなのかもしれません。

日本、隣のUMA

ツチノコ

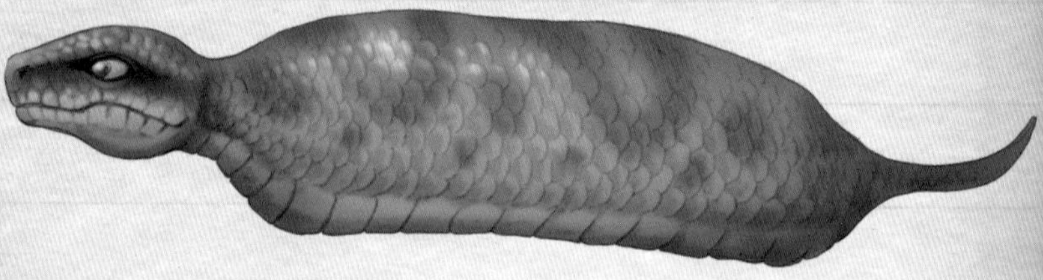

日本各地で目撃例がある日本一有名な未確認生物ともいえるツチノコ。ウロコをもち細長い姿から足のない爬虫類《はちゅうるい》、ヘビの仲間ともいわれていますが、ヘビにしては胴が短く太いのが特徴的です。ツチノコの伝承や目撃談などは意外にも古くから存在していて、縄文時代の石器や土器にはツチノコらしき姿が描かれています。また『古事記《こじき》』や『日本書紀《にほんしょき》』などにも野や草の精霊《せいれい》として記されており、日本の文化のなかで長きにわたって伝えられてきた生物です。

大きさ --- 1メートル未満
生息地 --- 森の中など
特　徴 --- 胴体が太いヘビのような姿
出　典 --- 日本の伝承 など

分　類 --- 爬虫類
危険度 ---
必殺技 --- 勢いよく飛ぶ

日本で目撃の絶えない未確認生物のツチノコ。
ヘビの仲間といわれてひさしいですが、
その特徴は本当にヘビなのかを
考えていきたいと思います。

リアルに考察した「ツチノコ」

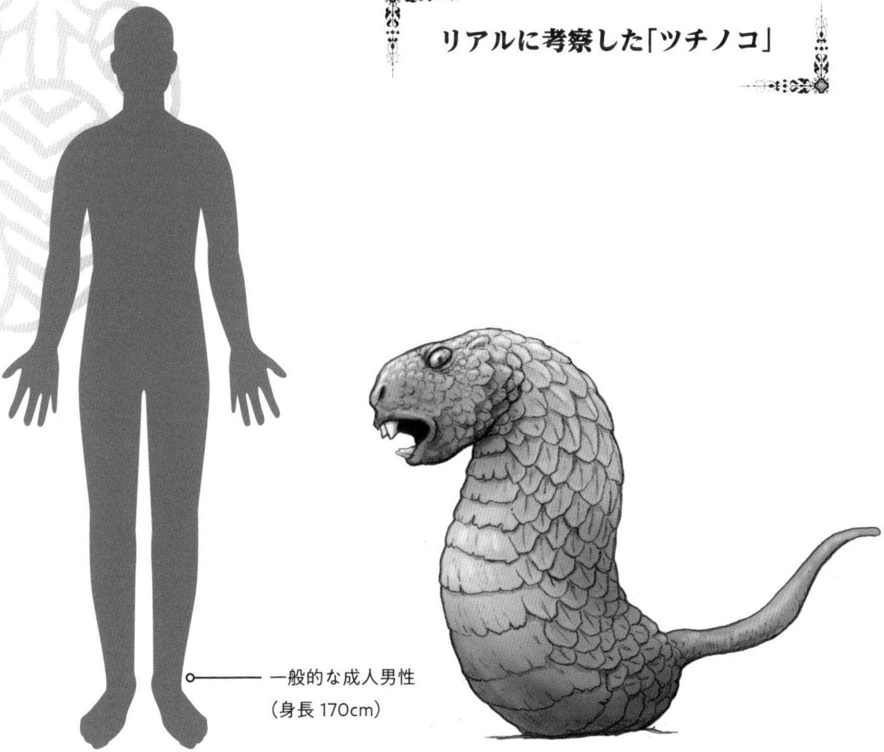

ツチノコは足が退化した哺乳類

一見してヘビの仲間にも思えるツチノコは、日本に生息するヘビのなかでも太くて短い体をしたマムシの見間違い説がよくいわれていますが、明らかにヘビとは思えない特徴が数多くあります。

ツチノコの正体として有力視されているマムシよりもはるかに短く太い胴体《どうたい》も違いの一つですが、ヘビの眼はコンタクトレンズのように透明なウロコでおおわれているので目が乾《かわ》かない、ゴミが入ったりしないのです。

つまりまぶたは必要なく、ヘビにはまぶたがありません。

それに対し、ツチノコにはまぶたがあり、まばたきをするといわれています。

またシャクトリムシのように縦《たて》に体を屈伸《くっしん》させて前に進むような移動

リアル「ツチノコ」の骨格図

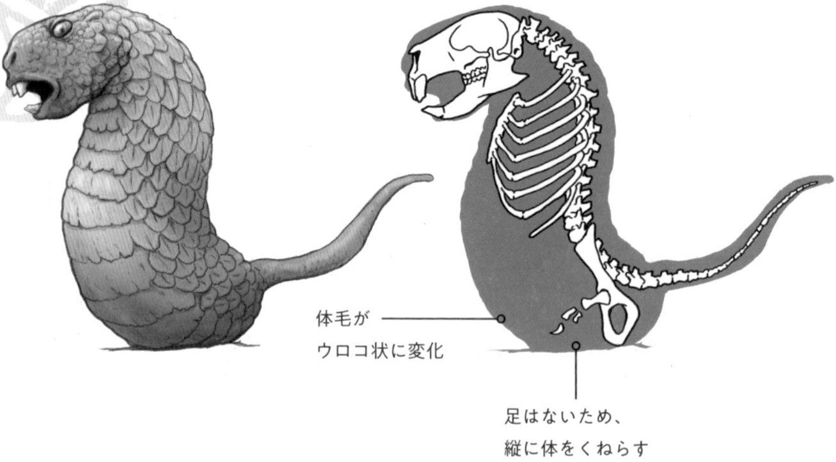

手段をとるといわれています。

爬虫類《はちゅうるい》であるトカゲも体の横に伸びた足で這《は》い歩くので、横に体をくねらせて進んでいきます。

トカゲに近い爬虫類、ヘビも体を横にくねらせて進みます。

しかしツチノコの移動するそのさまはヘビやトカゲといった爬虫類らしい動きとはいえません。

むしろ前に進むときに体を縦《たて》に屈伸《くっしん》させる動きは哺乳類《ほにゅうるい》に近いといえます。

ツチノコは一見、ヘビの仲間のように見えても、ヘビとは違う特徴が多くあるのです。

そこでツチノコは足が退化《たいか》した哺乳類、ネズミなどの小動物の仲間という可能性として考察します。

では「ウロコにおおわれた体」という目撃談はどう解釈できるでしょうか。

ツチノコと現存の動物の比較図

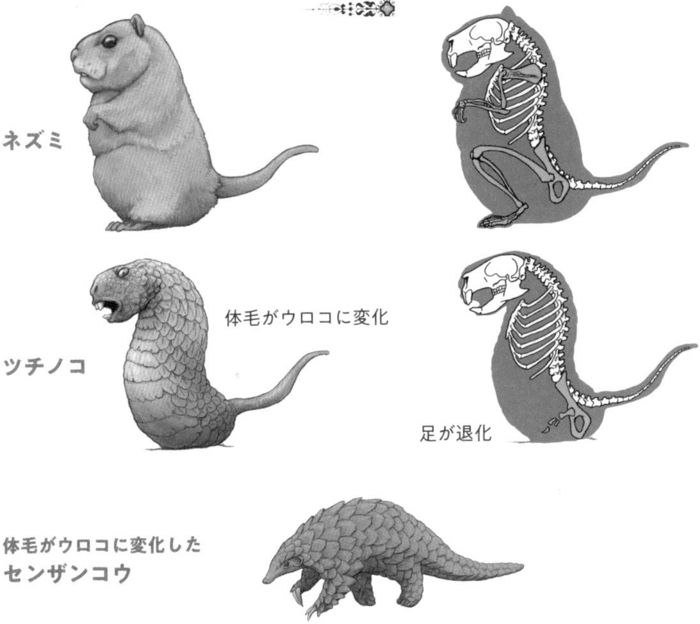

たしかに「ウロコでおおわれている体」というのは爬虫類の特徴ですが、「麒麟《きりん》」の項でも述べたように哺乳類の体毛や皮膚《ひふ》がウロコ状に変化することもあります。

哺乳類の例として、ネズミの尻尾はウロコ状の皮膚でおおわれており、その尻尾はツチノコの尻尾と似ているといえます。

また全身がウロコでおおわれた大胆な哺乳類もいます。

アフリカやアジア南部、東南アジアなどに生息している「センザンコウ」という動物です。

体をおおうウロコは体毛が変化したものといわれており、哺乳類のなかでもこうした進化を遂《と》げたのはこのセンザンコウのみで、非常にユニークな動物です。

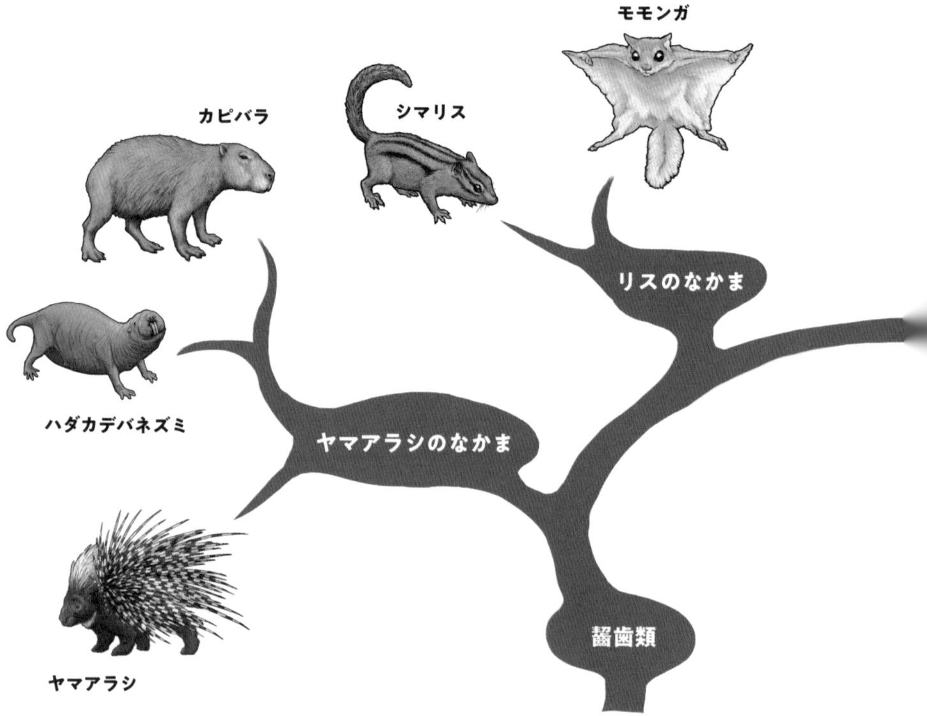

数の力と柔軟性で成功した齧歯類

ツチノコは縦《たて》に体を屈伸《くっしん》させて移動するその動作から哺乳類《ほにゅうるい》ではないかと述べましたが、本書ではツチノコを哺乳類のうちの齧歯類《げっしるい》（ネズミの仲間）ではないかとしました。

齧歯類は物をかじるのに適した前歯をもつことから、そうよばれます。

齧歯類は哺乳類のなかでも成功したグループで、およそ1700種類が知られ、哺乳類全体の種数の半数近くを占《し》めます。

このグループが成功した秘訣《ひけつ》は、その小さな体とネズミ算式に増えるともいわれる繁殖《はんしょく》力で、樹上《じゅじょう》、地中、水中などのあらゆる環境にも

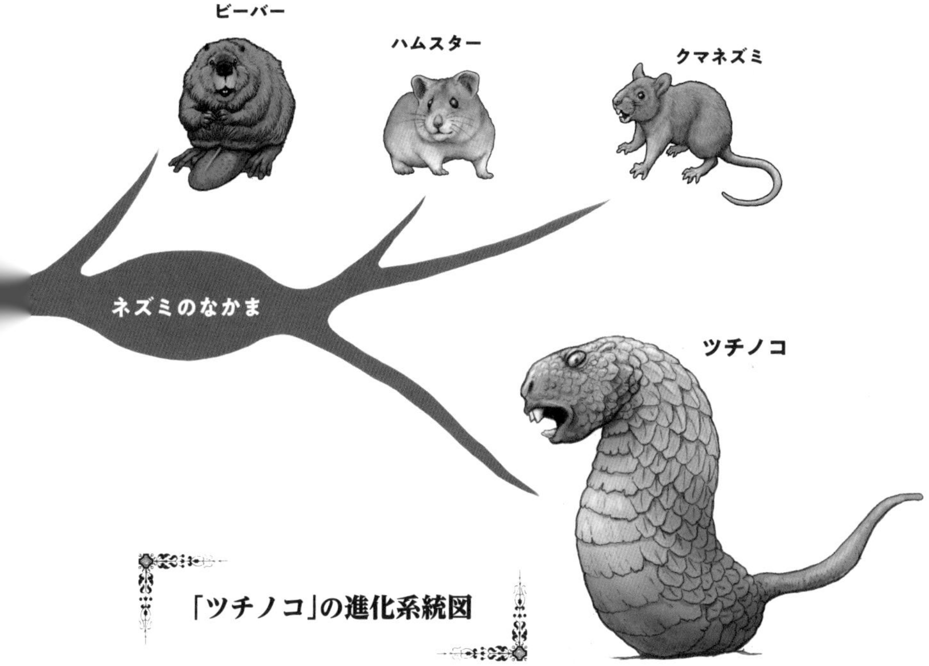

「ツチノコ」の進化系統図

適応し、進化したことでしょう。

たとえばヤマアラシは、ツチノコが体毛をウロコに変化させたように、体毛をするどい針に変化させて敵から身を守りますし、ハダカデバネズミはアリのように地中で女王を中心とする群れで暮らす社会性をもっています。

また半水生のビーバーは尾がヒレのようになった水中を泳ぎ、かじりとった木の枝を材料に川にダムをつくります。

姿形や生態まで多様な齧歯類のなかからツチノコのようなユニークな動物が現れてもなんら不思議《ふしぎ》ではありません。

砂漠の狩人

サンドワーム

地球には森や山岳、空や海、太陽の光が届かない暗闇《くらやみ》の深海などさまざまな環境があります。それぞれの環境にはそこでしか見られない生物がたくさん存在しますが、なかでももっとも目に見えない地中に太古《たいこ》より住むモンスターがいます。それこそが巨大生物サンドワームです。ワームとは本来、ヨーロッパの古い言語で「ヘビ」や「足のない毒竜《どくりゅう》」などを指《さ》しますが、サンドワームはファンタジーやSF作品に登場する、砂漠の地中にひそむ巨大なミミズのようなモンスターとして描かれています。

大きさ --- 4～5メートル
生息地 --- 砂漠
特　徴 --- 大きな幼虫のような胴体と大きな口
出　典 --- 口伝、伝承など

分　類 --- 虫の一種
危険度 ---
必殺技 --- 大きな口で獲物を一瞬で仕留める

口伝だけでなく映画などでも
登場するサンドワーム。
その姿は虫のようですが
実はそれが哺乳類の進化の一部だとしたら……。

リアルに考察した「サンドワーム」

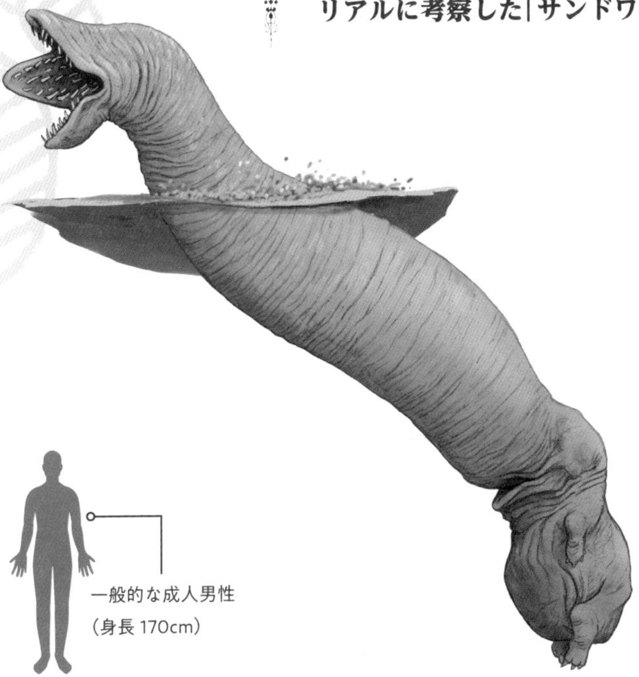

長い鼻が肥大化したゾウの仲間

ワームとはミミズやゴカイなどの環形動物《かんけいどうぶつ》、昆虫などの幼虫といった細長い生き物を指しますが、いずれも小さな生物です。

全長1メートル、ましてや10メートルを超《こ》すような巨大生物は存在しません。

たとえ昆虫などがそのまま巨大化したことを考えても、構造的な問題がネックになってしまいます。

そこで考えられるとすれば、内骨格《ないこっかく》で体を支え、体が巨体化しやすい脊椎動物《せきついどうぶつ》です。

結論からいうと、サンドワームはゾウの仲間ではないかと考えられます。

脊椎動物のゾウの鼻だけ見れば巨大なワーム系の生物のようですし、鼻以外が地中にあっても呼吸や獲物の捕食はできることでしょう。

リアル「サンドワーム」の骨格図

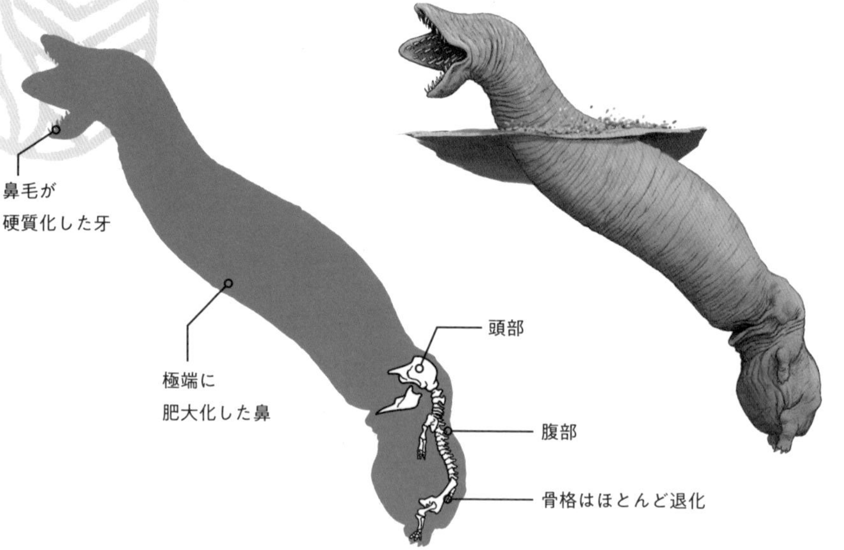

実際ゾウの長い鼻の用途は幅ひろく、その鼻の先端で地面に落ちている小さなピーナッツをつまみ、口に運ぶこともできます。

水中にいるときは長い鼻を水面に出して呼吸することも、鼻と鼻をからませて仲間同士のコミュニケーションにも役立てることもできる、とても使い勝手のいい器官《きかん》なのです。

この部分はゾウの長い鼻なので、骨はありません。

そのかわりに力強い筋肉がそなわっています。

進化によって、この便利な鼻が極端に肥大化《ひだいか》して体の大部分を占《し》めるくらいになれば、まさに巨大なワーム系の生物に近づくことでしょう。

この巨体を維持するために砂漠の地中でほぼ休眠状態で過ごします。

砂漠にある、ひあがった塩湖《えんこ》には塩分を多く含む岩が点在しており、その塩を求めてやってくる草食動物を待ちぶせして捕食します（たいていの植物には塩分が含まれていないため、植物を食べる草食動物は岩などから塩分を摂取する）。

サンドワームの狩りや育児

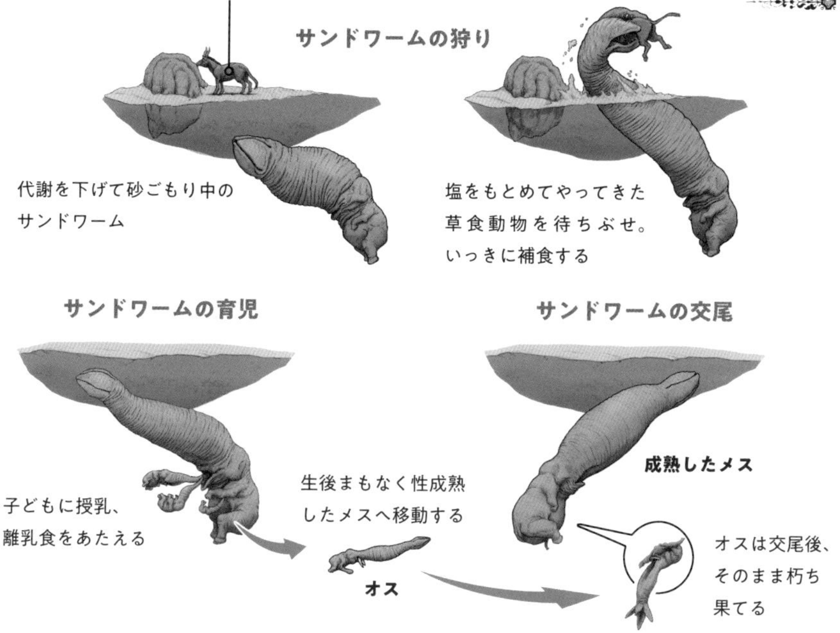

サンドワームは地中に伝わる獲物の歩く振動を敏感に察知《さっち》し、巨大化した長い鼻だけを地中から出し、大きく開いた鼻の穴で獲物を一気にのみこみます。

鼻の穴に生える鼻毛は硬質化しており、それがするどい牙《きば》になっており、一度とらえた獲物を離すことはありません。

サンドワームはこう見えてもゾウの仲間から進化した哺乳類《ほにゅうるい》なので、成長したメスは子どもを出産し、母乳で子を育てるでしょう。

その後、母親は離乳食として食べる機能を失った口からある程度消化した食べ物を吐き出し、子どもに与えます。

このように子育てはメスの役目で、オスは体が大きく成長せず、早くから母親のもとを離れ、他の成熟したメスを求めて移動し、成熟したメスを見つけると交尾をして、そのまま絶命します。

子育て能力のないオスの繁殖《はんしょく》の役目は精子提供のみで、不毛《ふもう》な砂漠で子孫を残すための合理的な繁殖形態《はんしょくけいたい》を確立していたのだと考えます。

「サンドワーム」の進化系統図

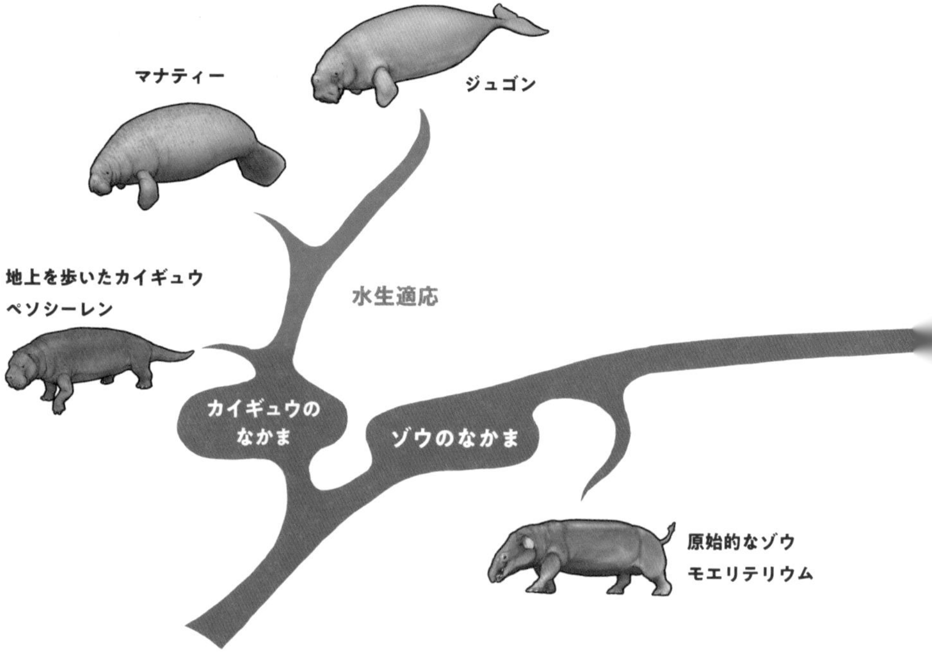

生きる環境に合わせて変わる体の形

ゾウの仲間は今ではアフリカゾウやアジアゾウの2種が生息していますが、大昔にはマンモスやナウマンゾウなどたくさんの種類のゾウがいました。

いずれも平原で暮らす動物で、体型やその特徴も大きく変わっていません。

もしもゾウの仲間が平原ではなく、森林や海などの違った環境で生活するとどうなるでしょう。

森林ではゾウの大きな体は邪魔《じゃま》になって思うように行動ができませんので体が小さくなる方向に進化するでしょうし、海なら体の姿形を

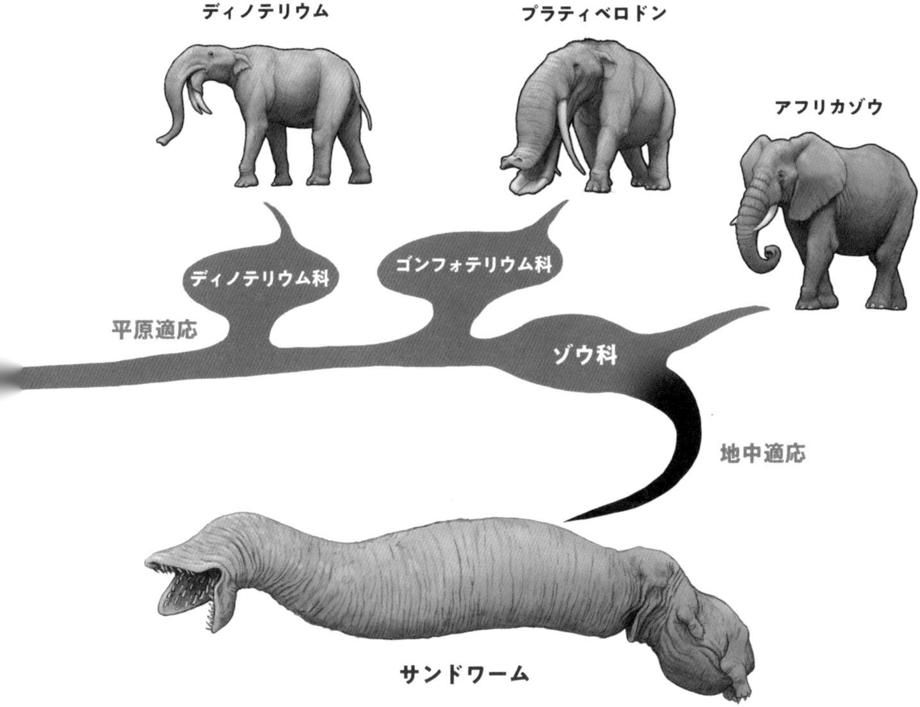

大幅に変化させる必要があります。

ゾウの仲間に近い動物にジュゴンやマナティーのカイギュウ類がいますが、水生適応した彼らはゾウとは全然違う姿をしていますね。

もしもゾウが地中という特殊な環境で生活するようになれば、体形も大きく変わるでしょう。

本書でのゾウの仲間サンドワームは地中で動かずひそむだけが大半の生活なので、体を支え、歩くための足は必要ありません。

そのため退化していき、それにあわせて胴体《どうたい》も小さくなり、機能性のある鼻だけが肥大化《ひだいか》するのではないでしょうか。

しかしながら、ゾウの地中適応《ちちゅうてきおう》は未知《みち》の領域《りょういき》です。

PART3

人類の進化を
人型の伝説動

秘めた
物たち

～人類の過去と未来に生まれた

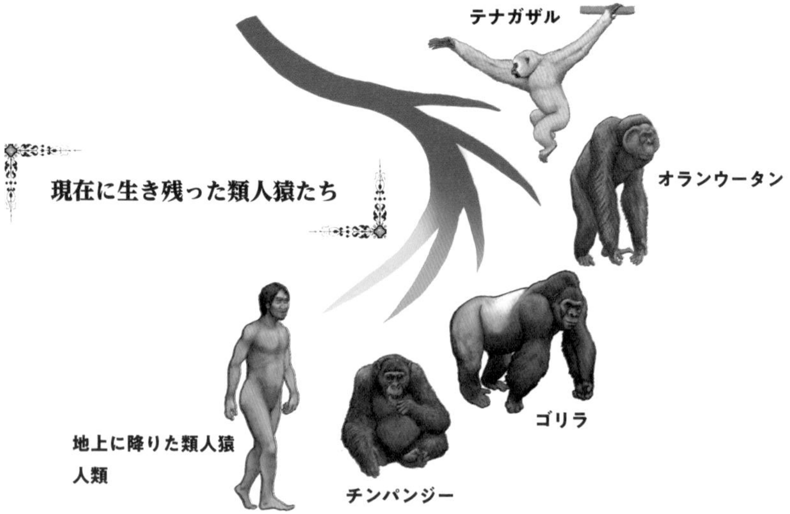

人間の「直立２足歩行」ですが、立ったときに足が直立で胴体《どうたい》も垂直になっているのはわたしたち人間だけです。

いちばん重い頭部がいちばん上にのっている、一見すればとても不安定な姿勢ですが、ではなぜこのような姿勢になったのでしょうか。

人類が直立２足歩行になったのはおおよそ300万年前といわれています。

かつては一年中湿潤《しつじゅん》で安定した気温のなか、人類の祖先《そせん》は熱帯雨林の樹上で過ごしていましたが、やがて森は雨季《うき》と乾季《かんき》という季節変化が起こります。

乾季は特に暑く、樹上では直射日光を浴びるので、人類の祖先は木から降りて木のかげで日があまり当たらない森のなかの涼《すず》しい地上で過ごす機会が多くなり、やがて人類は森から出るようになります。

森に残った類人猿《るいじんえん》たちとは異なり、そんな状況の変化によって人類の直立２足歩行の姿勢はできたといわれています。

人型の伝説動物たち～
人類の進化の歴史について

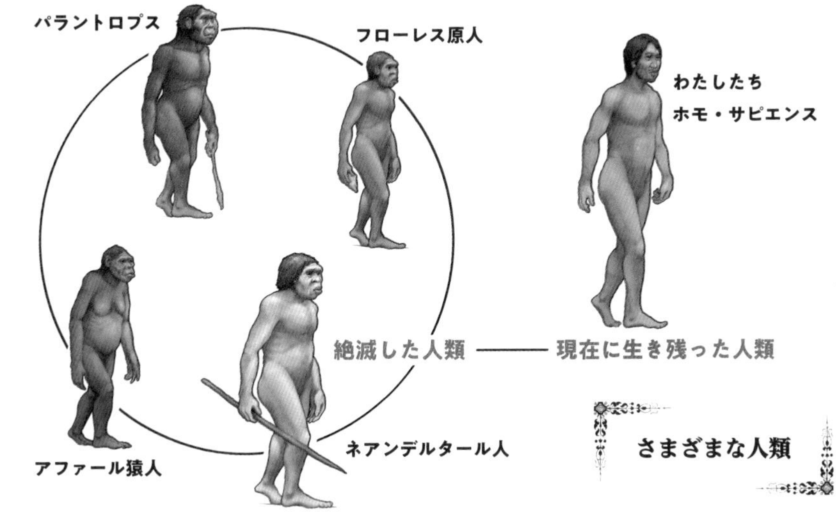

さまざまな人類

直立２足歩行がもたらしたものはたくさんあります。

まず一番高い位置に頭があることで開けたサバンナで遠くを見渡せるようになったこと、また頭が日ざしに熱せられた地面から離れているため比較的涼しく、日ざしが当たる体の部分の面積も少ないため、直立２足歩行はサバンナの暑さを避けやすい姿勢だったことです。

そしてなによりも頭は体全体で支えられるため、脳を大きく発達させることでさまざまなことができるようになったことです。

わたしたち人間の独自の進化は直立２足歩行がそうさせたわけです。

その私たち人間は生物の種でいうと「ホモ属《ぞく》サピエンス種《しゅ》」といいますが大昔は人類にも、フローレス人やネアンデルタール人など多くの種類がいたようです。

この章ではこうしたことを踏《ふ》まえながら、人型《ひとがた》または半人半獣《はんじんはんじゅう》の幻《げん》想動物《そうどうぶつ》を生物進化の視点で考察していきたいと思います。

美しき森の人

エルフ

エルフの起源は北欧神話《ほくおうしんわ》で、森や泉、井戸や地下にすむとされる自然と豊かさをつかさどる妖精《ようせい》です。北ヨーロッパのノルウェーやスウェーデンのほか、イギリスやドイツなどヨーロッパ各地の民間伝承に登場します。現在のファンタジー作品におけるエルフのイメージはトールキンの長編小説『指輪物語《ゆびわものがたり》』に登場するエルフに大きな影響を受けています。エルフの姿は人間と変わりませんが、耳は長くとがっています。またヒトとくらべ身体能力が高く、知力が高く、魔法を使うことができるのです。

大きさ --- 1～2メートル
生息地 --- 森の奥深く、渓谷など
特　徴 --- ヒトと変わらない出で立ちに先端がとがった耳
出　典 --- 北欧神話 など

分　類 --- 哺乳類
危険度 ---
必殺技 --- 魔法と予見する力

ファンタジー作品にたびたび登場するエルフ。
ヒトのようでありながら
私たちとは一線をかくす彼らの
特徴とその進化を考えてみたいと思います。

リアルに考察した「エルフ」

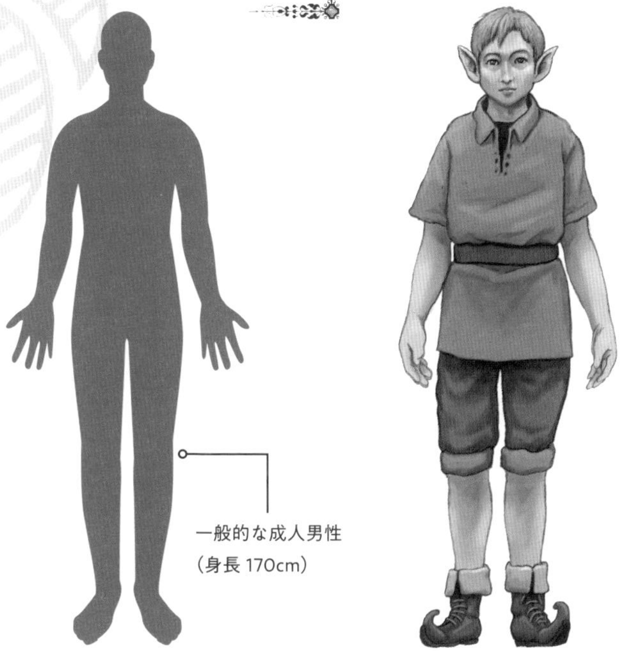

「ダーウィン結節」と、とがった耳

エルフは一見、人間と見わけがつきません。

しかし数多くの民間伝承のなかでは、エルフの体のどこかに見わけのつく箇所《かしょ》があるとされています。

たとえばデンマークでは背中にくぼみがあったり、スコットランドでは長い尻尾があったりと、地域によってその箇所も異なるようです。

そのなかでもエルフの定番のイメージといえば長くとがった耳だと思います。

先がとがった耳というのはイヌやネコなどのほとんどの動物（哺乳《ほにゅう》類《るい》）にみられるものですが、わたしたち人間の耳は丸い。

しかし人間もとがった耳が進化を経て今の丸くなった耳になっているといえば信じられるでしょうか。

リアル「エルフ」の耳

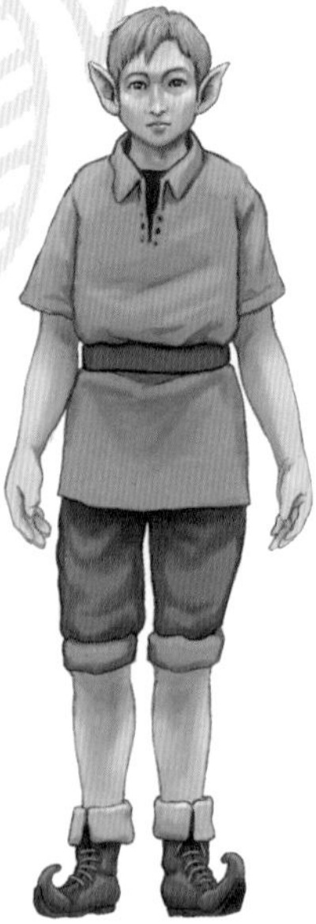

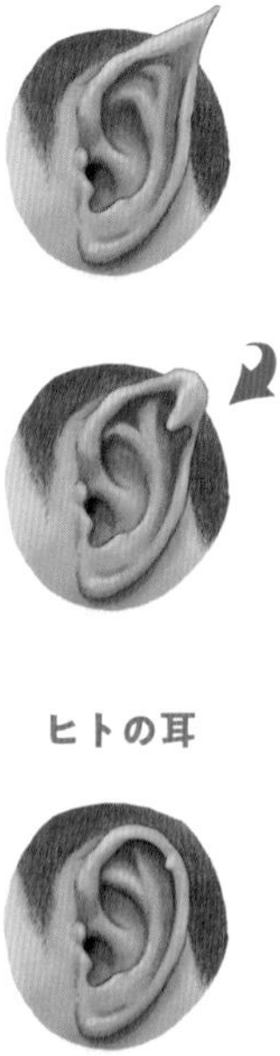

その証拠に耳がとがっていた名ごりが現在の人間にも残っているのです。

それは「ダーウィン結節《けっせつ》」とよばれるものです。

人間の耳はもともととがっていた耳の先端が折れまがって丸くなっているのですが、折れまがった部分が耳輪《みみわ》（耳のふち部分）の後上部にある小さな突起《とっき》として残っているのです。

ただこのダーウィン結節とよばれる突起はすべての人にあるわけではありません。

４人に１人の確率でもっているそうです（ちなみに私の耳輪にもこの突起が確認できました）。

エルフは人間ですが、獣《けもの》のとがった耳をそのまま残した種族なのでしょう。

ネコ、イヌ、サイの耳

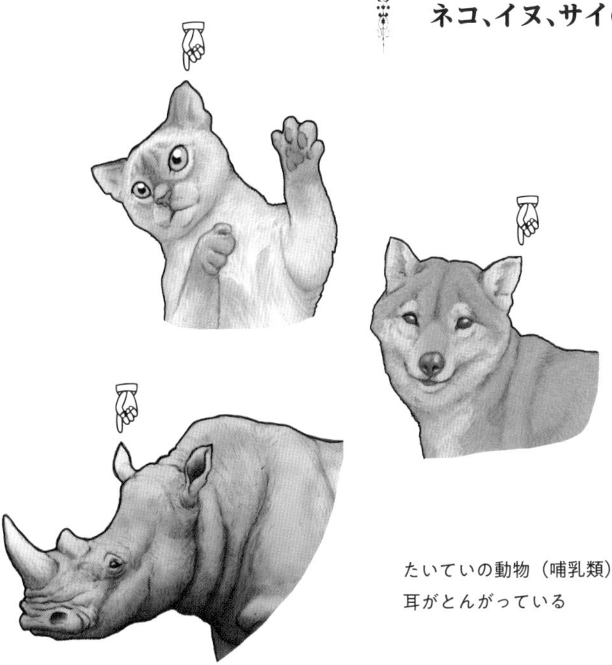

たいていの動物（哺乳類）は
耳がとんがっている

森の住人ゆえのケモノ的な特徴

イヌやネコなどとがった耳をもつ動物はたいてい耳を動かすことができます。

耳を動かすには耳のまわりの筋肉を使います。

とがった形の耳だと筋肉を動かしたときの力が伝わりやすいのだろうと推測できます。

もはや人間はイヌネコのように耳を動かすことはできませんが、獣の耳をもったエルフはたいてい見渡しの悪い森の中で生活しているので、視力だけに頼らず、耳を動かしながら聴力《ちょうりょく》で周囲を探っていたのだと思います。

そのため獣の耳のまま、丸くなることはなかったのだと思います。

頑強な小人
ドワーフ

北欧神話《ほくおうしんわ》などに登場する小人《こびと》。長いヒゲ、酒飲みで陽気《ようき》といった性格、身長は1メートルほどですが、頑強《がんきょう》な身体をもちます。グリム童話の『白雪姫《しらゆきひめ》と七人の小人』に登場する7人の小人がドワーフという種族です。職業が鍛冶職人《かじしょくにん》というイメージが強く、坑夫《こうふ》の服装とハンマーなどの道具を手にもっています。現在のファンタジー文学やロールプレイングゲームに登場するドワーフのイメージはトールキンの長編小説『ホビットの冒険』『指輪物語《ゆびわものがたり》』の影響が強く、敵に果敢《かかん》に立ち向かいます。

大きさ --- 1メートルほど

生息地 --- 山岳地帯、洞窟や地下 など

特　徴 --- ヒトと比べて分厚い骨格
毛深く筋骨隆々

出　典 --- 北欧神話 など

分　類 --- 哺乳類

危険度 ---

必殺技 --- 驚異的な体力
オノの一撃
手先が器用

頑強な姿、愛くるしいキャラクターなど
今日まで親しまれているドワーフ。
彼らのもつ特徴から
その実態にせまってみましょう。

リアルに考察した「ドワーフ」

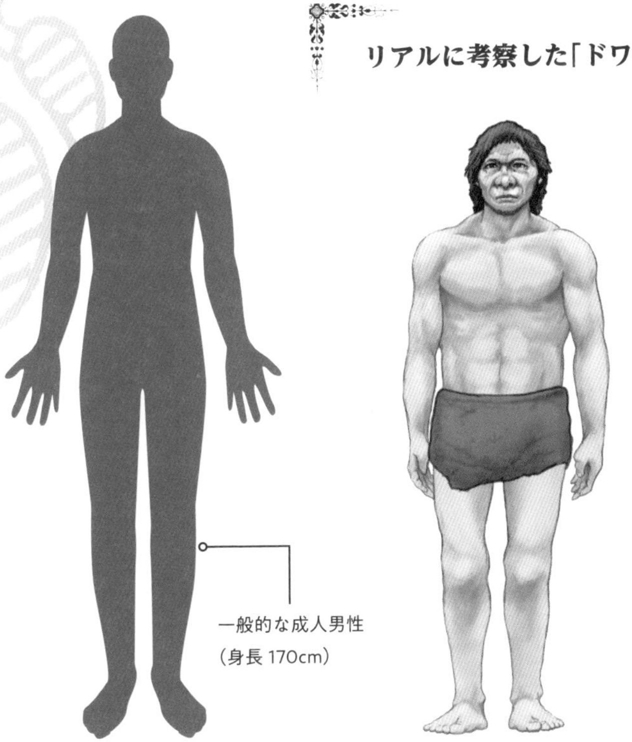

ネアンデルタール人というドワーフ

私たち人間の「種」としての名称は「ホモ属《ぞく》サピエンス種《しゅ》」であり、「人類」というくくりでは私たち１種のみです。

しかし大昔には私たち人間と同じ人類が数多く存在していたのです。

ドワーフはその見た目から私たち人間と変わらない同じ人類です。

ただこのドワーフのイメージには「ホモ属サピエンス種」よりも近い人類がいるのです。

それがネアンデルタール人（「ホモ属ネアンデルタレンシス種」）でしょう。

この人類はおおよそ３万年前に途絶えてしまったのですが、骨格は私たちよりも頑丈《がんじょう》なつくりになっていて、神話や童話に出てくる姿に似ているのです。

リアル「ドワーフ」の体格や頭部

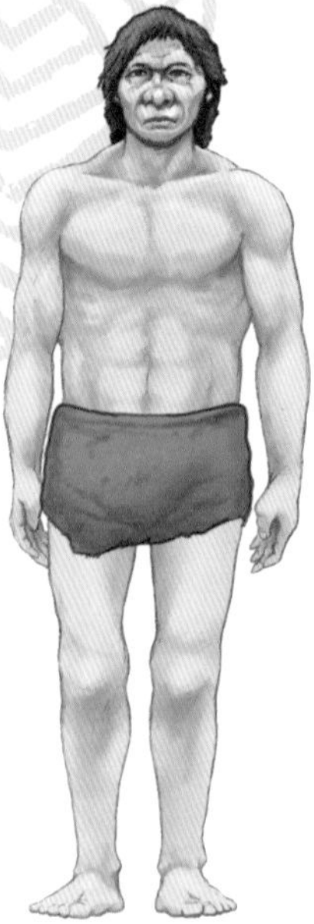

果敢に接近戦で
動物を狩る

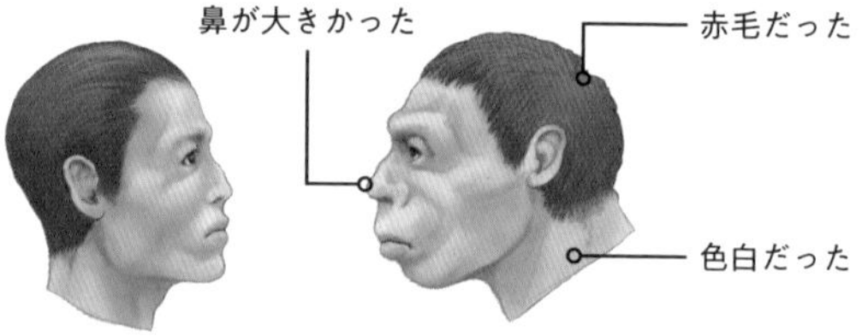

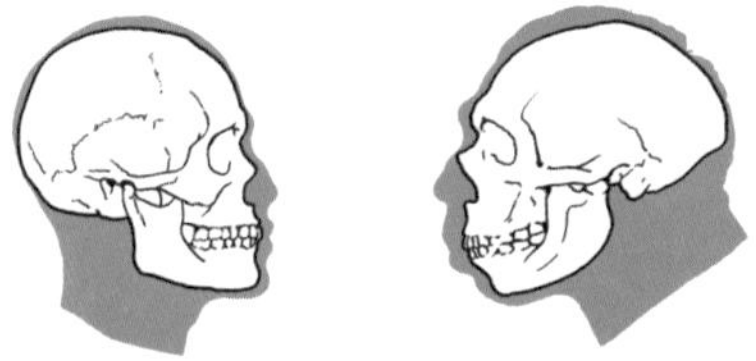

ヒトの頭部　　ネアンデルタール人の頭部

私たち人間がネアンデルタール人と共存した時代がありました。

私たち人間は弓矢や投槍器《とうそうき》の飛び道具をつかって獲物を狩っていたのですが、屈強《くっきょう》でずんぐりとした身体をもつ彼らはもっぱらヤリを武器にしていたようです。

暴れる獲物をヤリで刺し、そのまま接近、肉弾戦《にくだんせん》にもちこんで獲物を狩っていたために、体は常に傷だらけだったようです。

ネアンデルタール人はユーラシア大陸の北方の寒さのきびしい地域に住んでいました。

ずんぐりとした体形は体温を失いにくくし、呼吸の際はその大きな鼻で冷たい空気を鼻腔《びこう》で温めていたのでしょう。

このようにネアンデルタール人は寒さに適応した人類だったといわれているのです。

ファンタジーなどで描かれているドワーフと大昔に実在したネアンデルタール人の特徴はイメージ的に共通する点がとても多いのです。

それぞれ哺乳類の大きさ比較

ファルコネリゾウ（ドワーフエレファント）
地中海の島に生息した小型のゾウ。
体高が１メートルほどしかなかった

ヒト

ネアンデルタール人

フローレス原人
フローレス島に生息していた人類。
身長１メートルほど

実在した小人

グリム童話などに登場するドワーフは身長が１メートルほどの小人《こびと》ですが、実際にこのような体の小さな人類がいました。

それはインドネシアのフローレス島に５万年ほど前に途絶《とだ》えた人類で、その地名をとってフローレス原人《げんじん》とよばれ、身長は成人でも１メートルほどといわれています。

フローレス原人に限らず、島にすむ比較的大型の動物は体が小さくなる傾向があるようです。

地中海の島にも「ファルコネリゾウ」というゾウの仲間がいて、別名は小人のドワーフにちなんで「ドワーフ エレファント」とよばれています。

体高《たいこう》は１メートルほどしかなく、島という限られた土地と資源のなかで暮らすには体が小さいほうが生存に有利にはたらいたのでしょう。

魅惑の歌声をもつ怪物

セイレーン

セイレーンはギリシャ・ローマ神話に登場する人型の女の混成のモンスターです。上半身は人間の頭と胴体《どうたい》、腕があり、下半身は鳥の翼という姿で描かれており、地中海沿岸の島にすんでいるとされています。いい伝えではその島は南イタリア沖のカプリ島とも。セイレーンはその歌声に人をまどわす不思議な力があるといわれており、その歌声を聞くと、抵抗することなく船から身を投げ、命を落としてしまうといわれており、船乗りたちはセイレーンたちがすむ島を避けていたようです。

大きさ --- 1～2メートル
生息地 --- 地中海の沿岸部など
特　徴 --- ヒトのような姿と翼をもつ
出　典 --- ギリシャ・ローマ神話 など

分　類 --- 哺乳類　鳥類
危険度 ---
必殺技 --- 歌声で船乗りをまどわす

下半身は鳥で上半身はヒトという
混成生物として語りつがれてきたセイレーン。
現実の進化のなかで
その可能性を考えていきましょう。

リアルに考察した「セイレーン」

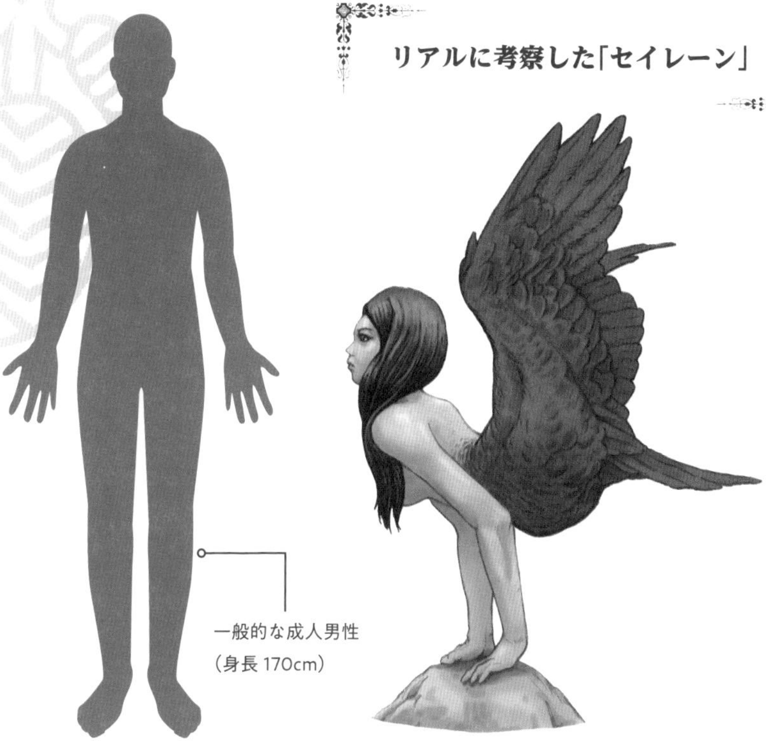

セイレーンは後翼型の飛翔動物

セイレーンは上半身が人間の体で、下半身のほとんどが鳥のような翼で占められている姿です。

鳥やコウモリなどの飛翔動物《ひしょうどうぶつ》の翼は上半身から伸びる前足が変化したものですが、セイレーンの場合はその逆と推測できます。

つまり、**下半身から伸びる後足が翼に変化した後翼型《こうよくがた》の飛翔動物ではないかと考えられるのです**。

セイレーンも鳥のように羽ばたいて空を飛ぶ激しい運動をするので当然、鳥の翼を動かすための胸筋《きょうきん》のような大きな筋肉が必要になります。

ただセイレーンの翼は後足が変化したものなので、鳥やコウモリのように肩の骨に翼がつながっているのではなく、骨盤を変形させ翼をつなげているのです。

リアル「セイレーン」の骨格図

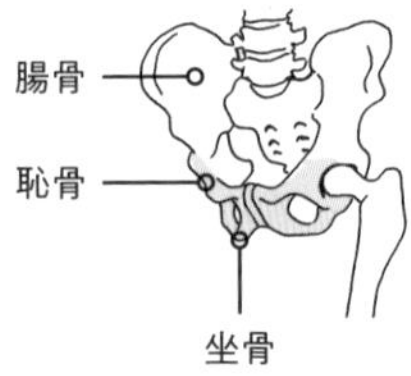

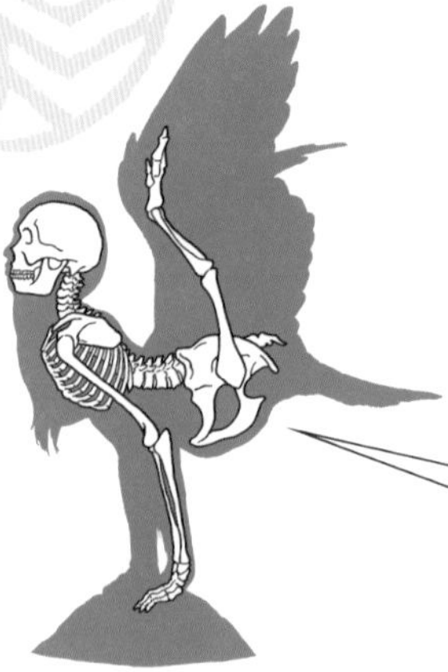

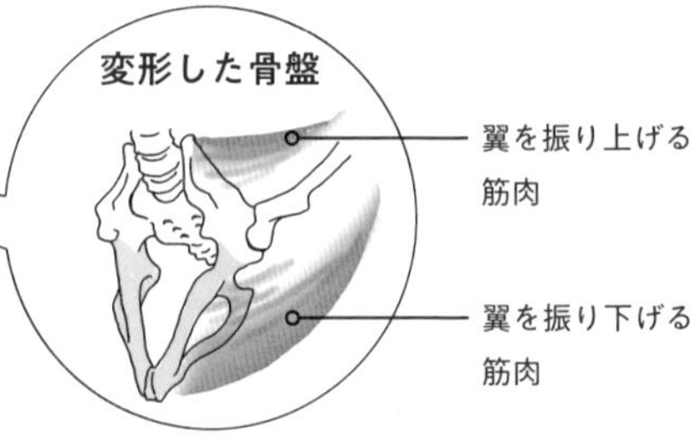

骨盤の恥骨《ちこつ》と座骨《ざこつ》が下へ突き出るように肥大化《ひだいか》、その肥大化した骨が翼を羽ばたかせるための大きな筋肉を支える骨となります。

上半身の人間の腕は、鳥でいう後足と同じ役割で、これで歩行もできれば、海上に浮かぶ岩や木の枝にも止まることができたことでしょう。

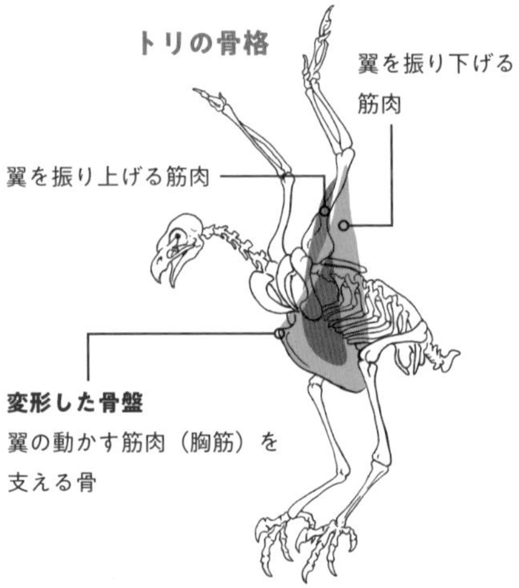

三畳紀にいた多様な空飛ぶ爬虫類

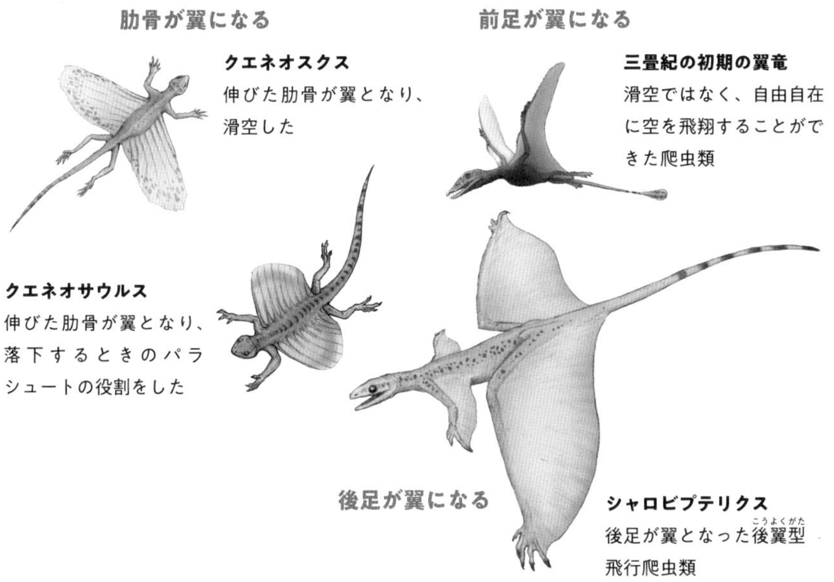

レアな進化というべきセイレーン

セイレーンのような後足が翼になった動物は実際に大昔にいました。

それは中生代三畳紀《ちゅうせいだいさんじょうき》（おおよそ２億5000万年～２億年前）の時代に生息した「シャロビプテリクス」という爬虫類《はちゅうるい》です。

極端に細長い後足をもち、その後足を支えとする皮膜《ひまく》が張られた翼をもっていたそうです。

ただ、翼を羽ばたかせて自由自在に空を飛ぶ「飛翔」ではなく、空中をすべるように滑空《かっくう》する程度だったようです。

三畳紀の時代は滑空する爬虫類は多くみられた時代でもあります。

しかし、どれも現在のトビトカゲのように肋骨《ろっこつ》を伸長《しんちょう》させて翼をつくるスタイルのもので、後足を翼に変化させたシャロビプテリクスはかなりのレアケースといえるでしょう。

二つ足のヤギ男

サテュロス

ギリシャ神話では「サテュロス」とよばれ、ローマ神話でそれに相当するのが「フォーン」です。上半身は人間の男性、下半身がヤギという半人半獣《はんじんはんじゅう》。下半身がヤギであることが大半ですがウマの蹄《ひづめ》と尾が描かれていることもあります。頭にはヤギのツノが生えていますが、若いサテュロスはツノが生えておらず、骨ばった突起《とっき》となっています。サテュロスは人間の内なる獣を表した生物ともいわれていて、本能のまま気性は荒く、酒好き、好色な一面をもちます。

大きさ --- 1～2メートル

生息地 --- 山間部、深い森の中 など

特　徴 --- ヤギのような下半身、
ヒトの上半身にツノがある

出　典 --- ギリシャ神話 など

分　類 --- 哺乳類

危険度 ---

必殺技 --- お酒といたずら好き

半分ヒト、半分ケモノの姿のサテュロス。
ヒトのものとは似つかない蹄のある足は
どのような進化の果てに
たどりついたのでしょうか。

リアルに考察した「サテュロス」

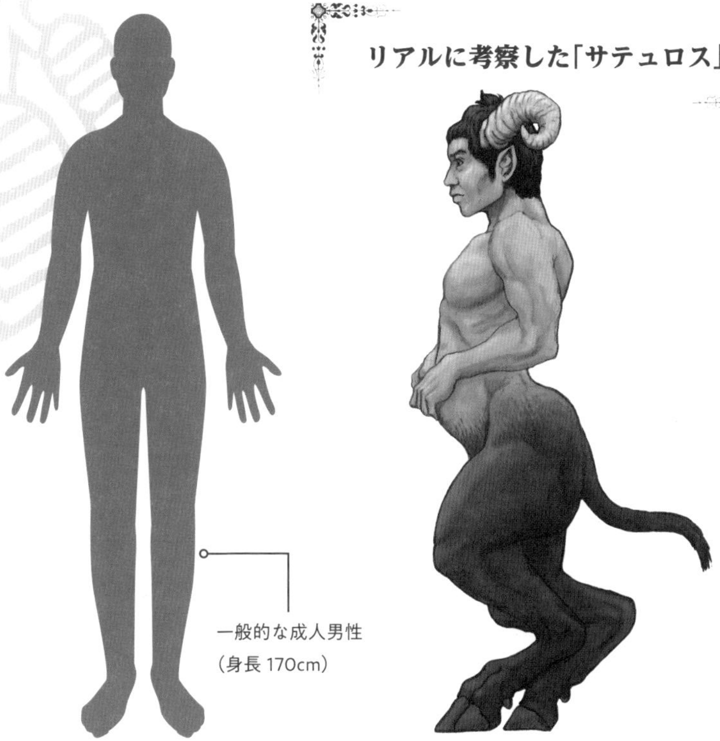

不安定な姿勢に進化したサテュロス

サテュロスは直立２足歩行で私たち人間と同じ姿勢をしていますが、ヤギやウシなどの蹄《ひづめ》をもつ草食動物の足になっている点で大きく異なります。

そもそも草食動物の足は肉食獣からのがれるために速く走ることを重視しており、そうしたつくりになっています。

草食動物の足の特徴は足裏が細長いところにあります。

細長くなった足裏のかかとを地面から離し指の先端だけを地面につける格好《かっこう》になっているため、ハイヒールをはけば足が長く見えるように、足全体の長さを稼いでいるわけです（前へ進む距離が増加する）。

草食動物の足は、走る際に地面を力強く蹴ることに特化しています。

もともとは数本あった指の数も、骨と骨が融合《ゆうごう》するなどで減らし、頑《がん》

リアル「サテュロス」の骨格図

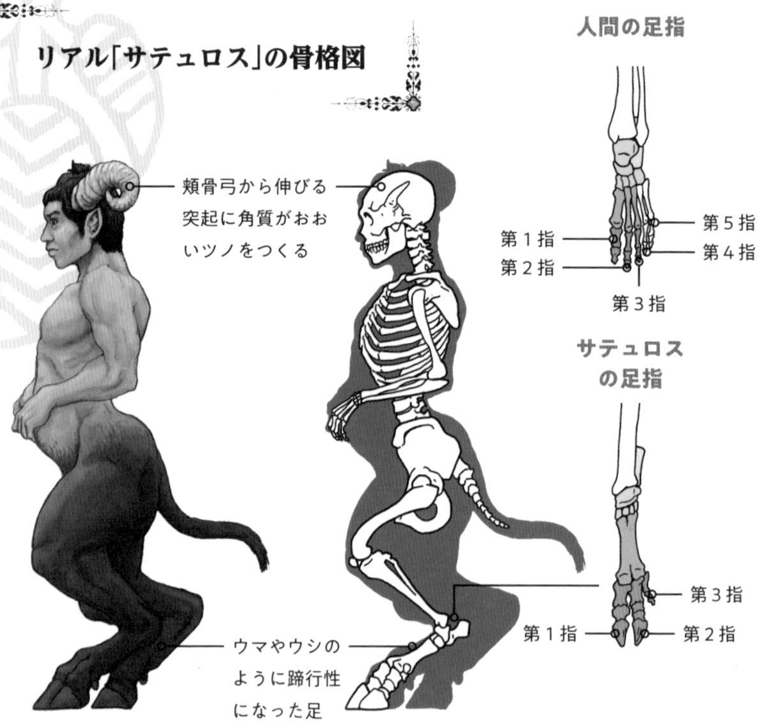

丈《じょう》でシンプルな構造になっているのです。

ただ骨の数が減った分、柔軟性に欠けており、パカパカといった大きな足音がなってしまうため、サテュロスも大きな足音を立てて走ったことでしょう。

草食動物の足はかかとを上げ、指の先のほうだけを地面につけて立っているので、立つときには安定性がありません。

そんな安定性のない足でも草食動物の場合、４本の足で立つので、安定性を確保できます。

しかしサテュロスの場合には人間と同じ直立２足歩行の姿勢なので、安定性は非常に悪かったことでしょう。

ヒト、イヌ、ウマの足のタイプ

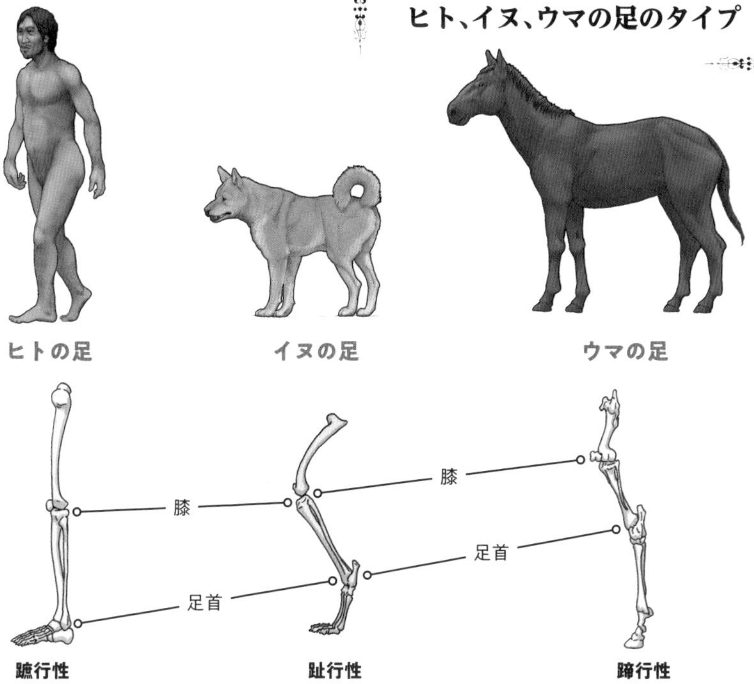

哺乳類の足は３タイプ

哺乳類《ほにゅうるい》の足は「蹠行性《しょこうせい》」、「趾行性《しこうせい》」、「蹄行性《ていこうせい》」の３タイプあります。

私たち人間を含め、ネズミやクマなどは地面に足裏をつけて、ベタ足で歩くタイプは「蹠行性」。

かかとを上げて指先だけを地面につけて歩くタイプは「趾行性」、これはネコやイヌなどの肉食動物に多くみられる足です。

そしてつま先だけを地面につけるようなバレリーナ立ちで歩くタイプは「蹄行性」といいます。

ヤギやウシ、ウマなどの蹄《ひづめ》をもつ動物によくみられる足で、ヤギの足をしているサテュロスはここに入ります。

サテュロスは常日頃からバレリーナ立ちで歩いて生活しているということですね。

魅惑、幻惑の海の住人

人魚

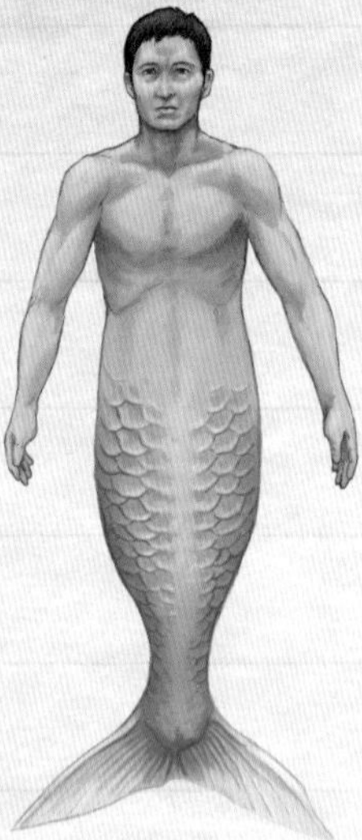

人魚の伝説は古い時代から世界各地にその伝承があります。日本でも『日本書《にほんしょ》紀《き》』にその記述であります。アメリカ大陸を発見した冒険家・コロンブスは航海日記に人魚を数回見たと記しています。魚の下半身をもった美しい女性の人魚を「マーメイド」、上半身が男性だった場合には「マーマン」とよびます。美しい外見に澄《す》んだ声で歌うなど温厚な性格の人魚の話が多く、アンデルセン童話『人魚《にんぎょ》姫《ひめ》』では人間の王子さまと恋をする人魚として登場しています。

大きさ --- 1～2メートル
生息地 --- 世界各地の沿岸部
特　徴 --- 上半身はヒト、下半身は魚類
出　典 --- 世界各地の神話・伝承

分　類 --- 哺乳類
危険度 ---
必殺技 --- 船乗りをまどわしたり助けたりする

世界中に点在する人魚伝説。
ヒトの上半身をもちながら
魚のような下半身で水の中を優《ゆう》雅《が》に泳ぐ
彼らの進化を考えていきましょう。

リアルに考察した「人魚」

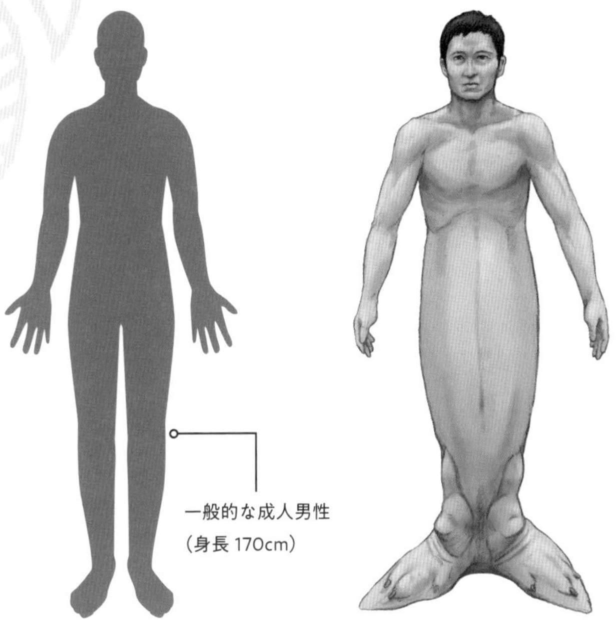

人魚は極端な胴長短足人間

人魚の外見は上半身がヒト、下半身が魚という混成です。

ただ人間と魚が混成した生物は考えにくいのが結論です。

ではなぜ考えにくいのか。

哺《ほ》乳類《にゅうるい》のなかには魚の尾ビレのような形になった種はいて、それがジュゴンやクジラです。

そういったことも考慮すると、やはり人魚の分類は哺乳類と考えるのが自然でありますし、水生適応した人間としてどう進化していったのかを考えていきたいと思います。

人間が人魚に水生適応する進化はどういった進化となるでしょうか。

頭部や腕を含めた上半身はそれほど変化が見られませんが、**脊椎《せきつい》（背骨）が極端に長く伸びて、足は大腿骨《だいたいこつ》（太ももの骨）や脛骨《けいこつ》（すねの骨）**

リアル「人魚」の骨格図

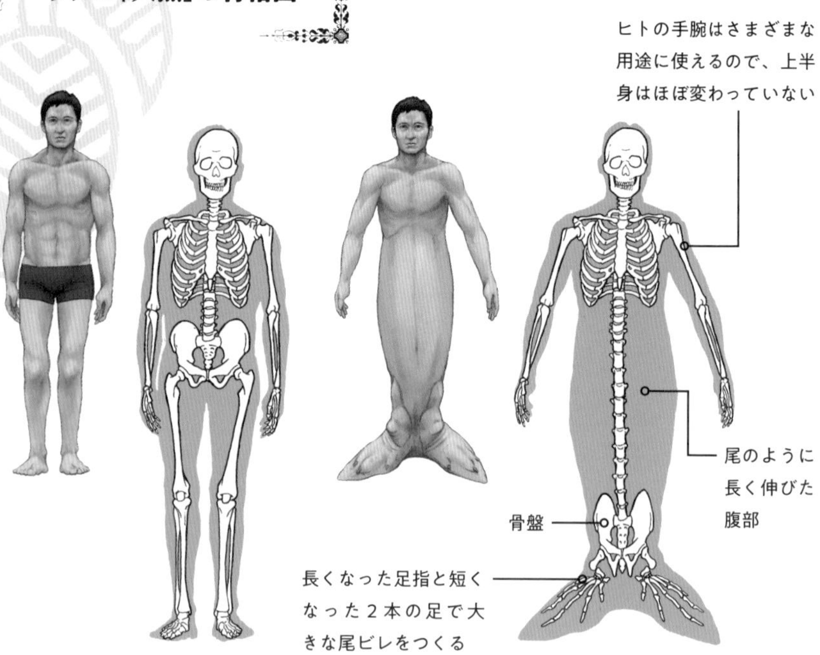

はほとんどないほどに短くなることが考えられます。

そのかわりに足の指の骨が細長く伸長し、尾ビレを支えるといった骨格構造になるでしょう。

胴体《どうたい》が異様《いよう》に長くなり、短くなった足が尾ビレになった姿を思い浮かべてもらえれば想像しやすいのではないかと思います。

ざっくりいえば、下半身のみの胴長短足《どうながたんそく》の人間といったところです。

このような人魚の胴長短足の体形や骨格構造はアザラシによく似ています。

アザラシも泳ぐ際、体のいちばん後ろにある後足を魚の尾ビレのように振って水中で泳ぎます。

そして前足はかじとり程度でしか使いません。

人魚においても人間の腕にあたる前足は泳ぎにはあまり役立てることはないでしょう。

ジュゴン、アザラシ、ヒトの骨格比較

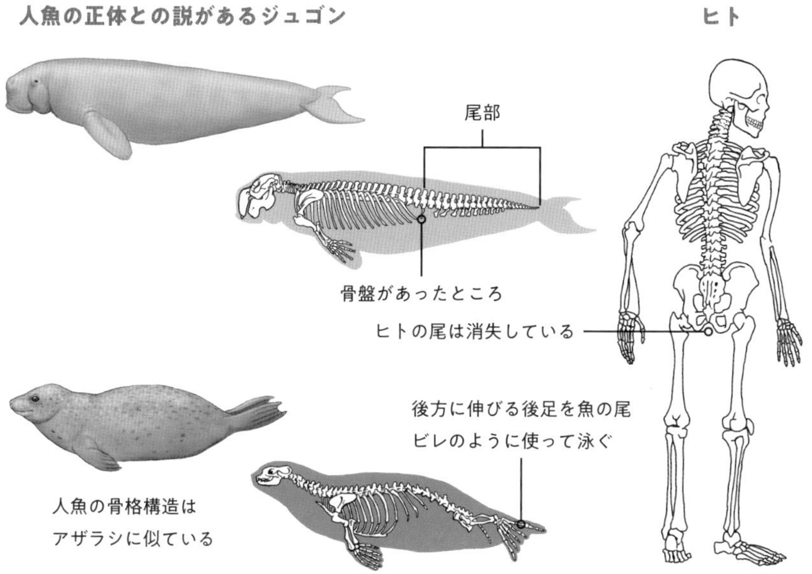

人間がクジラやジュゴンになれないワケ

人魚がアザラシに似ていると述べましたが、クジラやジュゴンなどの「水生《すいせい》哺《ほ》乳類《にゅうるい》」と似た骨格構造として考えてみてはどうでしょうか。

クジラやジュゴンは水中生活に移行したため、陸上で体の支えの要《かなめ》となる骨盤が消失しています。

人間が水生適応《すいせいてきおう》して骨盤が消失することは十分にありえます。

しかしクジラやジュゴンは尾部《びぶ》の尾骨《びこつ》が多く連なっており（尾が長い）、尻尾の先端にできた尾ビレを振って泳いでいます。

その点、人間は尻尾がなくなってしまっていますし生物の進化上、一度失われた器官《きかん》が再び発生することはほとんどありません。

結論としては人間が人魚に進化しても、クジラやジュゴンよりも、アザラシの骨格構造のような形になったほうが近道かもしれません。

PART4

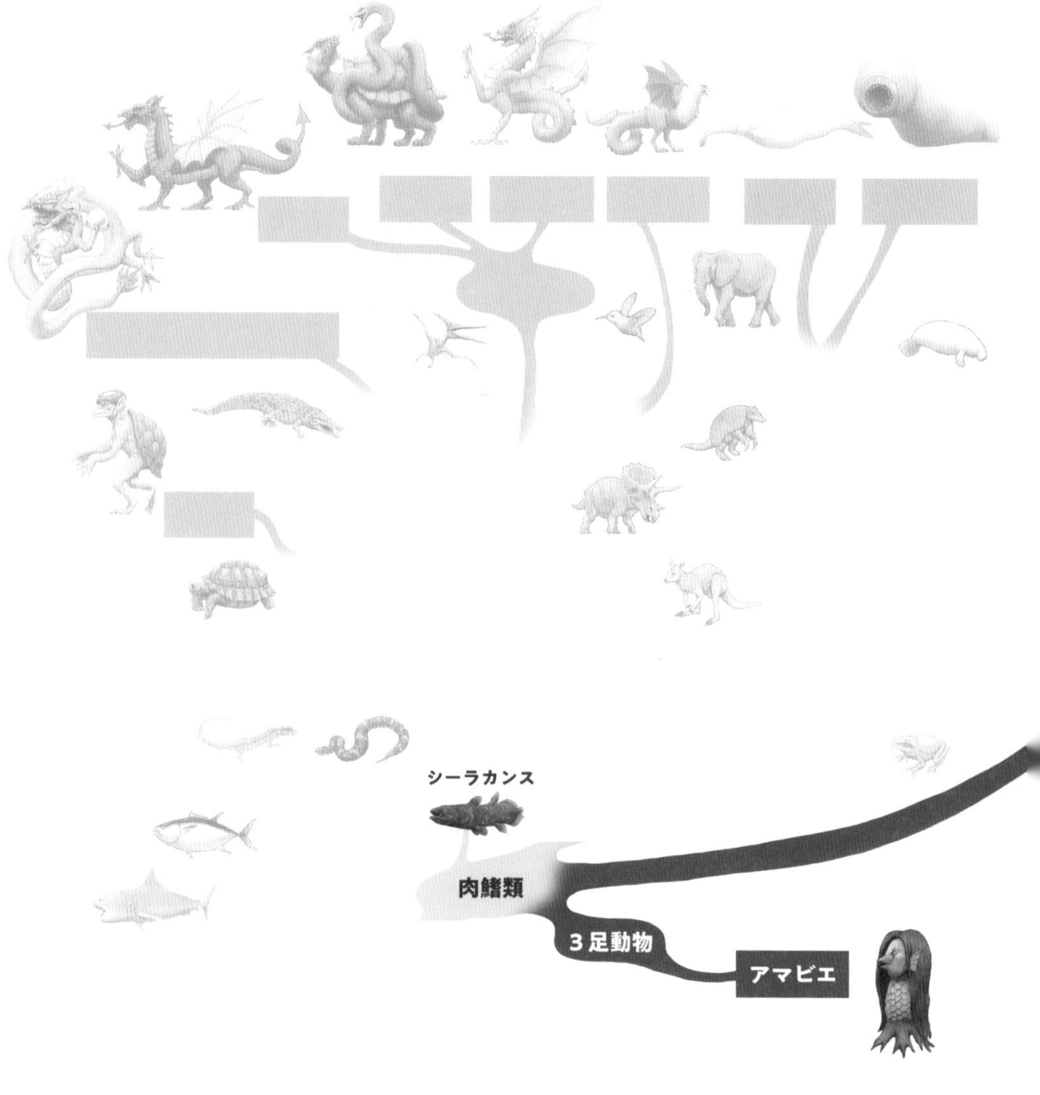

6足動物へと進化した伝説の動物たち

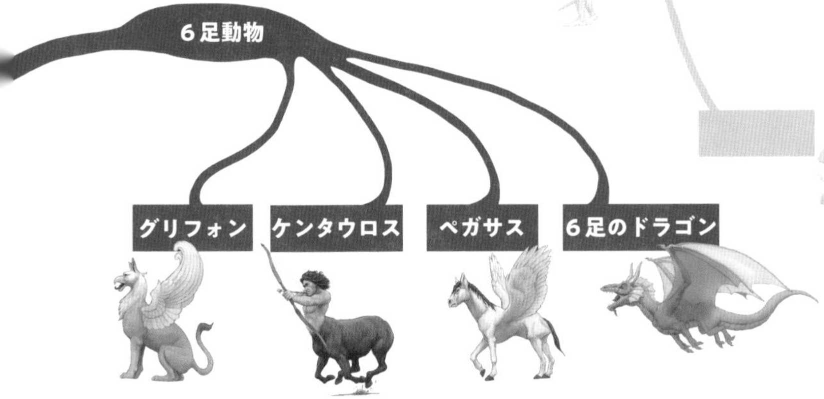

～無限の進化の可能性のなかに

魚類から4足動物へ

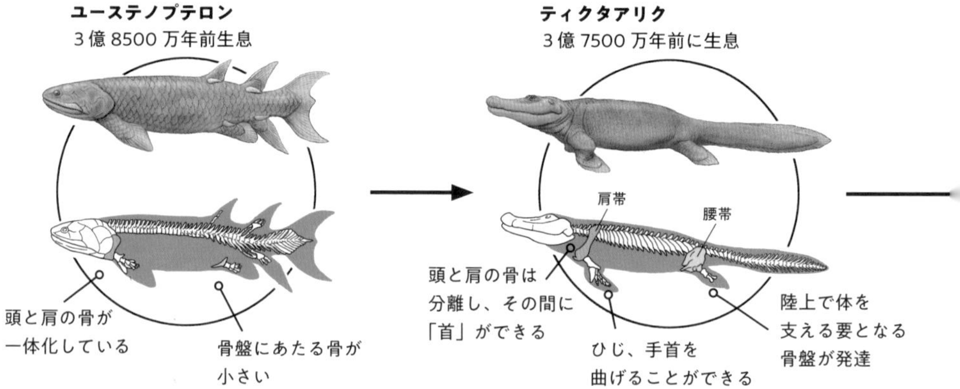

ここまでに考察してきた幻想動物《げんそうどうぶつ》の生物進化の視点とは、現実世界に存在しています4足動物をベースにしたものです。

4足動物とはその名のとおり4本の足を持った脊椎動物《せきついどうぶつ》で、魚の仲間、肉鰭類《にくきるい》といわれる種の胸ビレと腹ビレの2対のヒレが、前足と後足の2対の足に変化し、やがて地上を歩くようになった動物です。

その過程を示す動物化石《どうぶつかせき》も古生代《こせいだい》デボン紀《き》（おおよそ4億1600万年から3億6000万年前）という時代の地層から多く発見されています。

はじめに進化が起こったのは「ユーステノプテロン」という肉鰭類からでした。

このユーステノプテロンから魚にはなかった頭部と胴体《どうたい》のくびれである「首」ができ、ひじがあり折れ曲がる肉厚《にくあつ》なヒレを持つ「ティクタアリク」という種も生まれています。

そこからさらに時間が経つととうとうヒレがほぼ足となり、陸上での歩行も可能になった生物「イクチオステガ」が登場します。

生まれる伝説動物たち～
4足動物と6足動物の進化について

初期の4足動物
イクチオステガ
3億6500万年前に生息

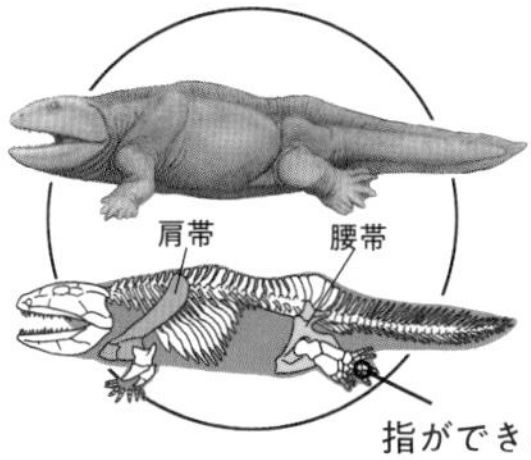

ヒトも4足動物の一種

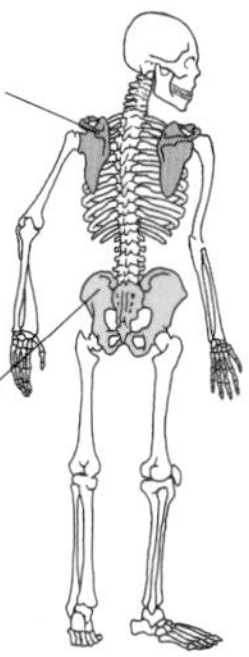

ヒトの骨格

このイクチオステガが最初の4足動物といわれています。

肉鰭類からこうして進化した4足動物は進化の舞台を地上に移し、現在の両生類、爬虫類、鳥類、そして哺乳類と分かれていったのです。

その4足動物のなかでも私たちヒトは胴体を直立させたことで歩行のために使っていた前足を自由にし、それを腕にしました。

恐竜は後足2本の歩行で、自由になった前足を羽のある翼に変化させ鳥類へと変化していきましたし、人類と同じ哺乳類でもクジラなどは足からまたヒレに変化させて魚のように水中で過ごすようになりました。

しかし、たとえこれら4足動物が足を翼やヒレに変えて進化しても、骨格の基本的な構造は変わりません。

どういうことかというと、すべての4足動物の骨格には「肩帯《けんたい》」と呼ばれる前足につながる肩甲骨や鎖骨などの肩まわりの骨と「腰帯《ようたい》」と呼ばれる後足につながる骨盤が必ずあるのです。

肉鰭類は4足動物、さらにいろんな種へ進化する

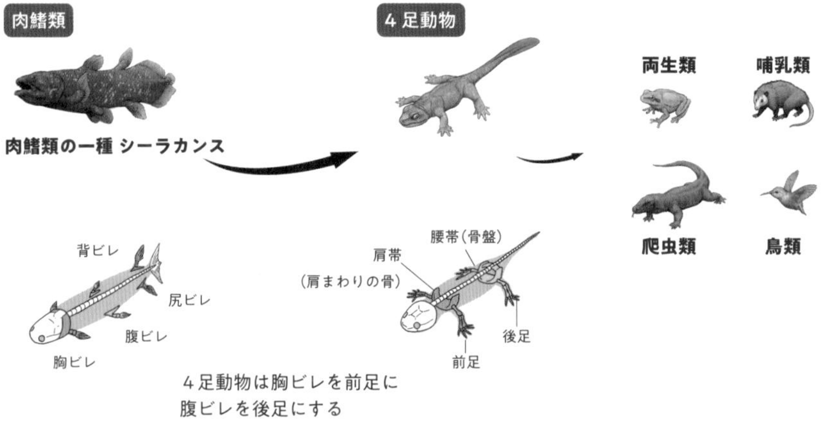

この章で紹介する「ケンタウロス」や「ペガサス」などの幻想動物《げんそうどうぶつ》には足が6本あります。

つまり4足動物の延長上ではどうしても説明ができない動物たちなのです。

そこでこの6本の足がある脊椎動物《せきついどうぶつ》を考えるために、魚から4足動物に進化するところまでさかのぼります。

そうするとどのような解釈ができるようになるか。

魚の肉鰭類《にくきるい》による進化で、4足動物は胸ビレが前足に、腹ビレが後足になったわけですが、肉鰭類の背ビレや尻ビレなど、4足動物の場合にはこのヒレは足に変化せずに消失していきます。

では4足動物では消失したそれらのヒレが6足動物では消失せずに足に変化すると考えるならどうでしょう。

たとえば肉鰭類の「シーラカンス」。

4足動物に進化する前の動物で「生きた化石《かせき》」ともいわれるこのシーラカンスは尾部《びぶ》にある肉質な第2背ビレと尻ビレを腕のように左

肉鰭類が6足動物へと進化し、さまざまな伝説動物を生む

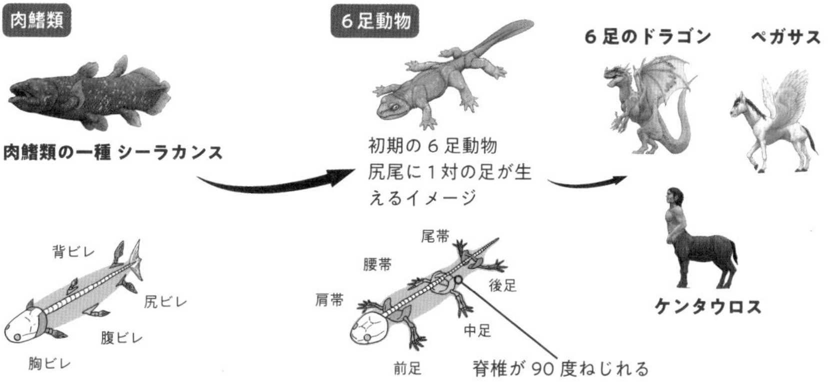

6足動物は胸ビレを前足に腹ビレを後足に
第2背ビレと尻びれを中足する

右に振って、泳ぎます。

これらが消失せず足に変化し、もう一対の足ができ、6足になります。

そうなると尾にはもう一つの肩帯《けんたい》や腰帯《ようたい》のような足がつながる骨格ができあがることになります。

これを本書では「尾帯《びたい》」とよびたいと思います。

最初の6足動物は尻尾に尾帯とそこから伸びる3対目の足が伸びるといったイメージです。

するとどうでしょう。

6本足という可能性からさまざまな伝説動物への進化を考察することができます。

この章では6本足という進化のなかでそれぞれの伝説動物がどのように進化したかを考えていきたいと思います。

なお以降は、1対目の足を「前足」、2対目（4足動物の後足にあたる）を「中足《なかあし》」、そして3対目は「後足」とします。

最恐の怪物

6足のドラゴン

ドラゴンは世界各地にその伝承があります。体形もさまざまであるものの、ドラゴンの姿といえば4本の手足があり、コウモリのような大きな翼をもつのが一般的な姿でしょう。4本の手足と足から変化した2枚の翼。本書では現実世界の4足動物の構造でドラゴンを考察し、肋骨《ろっこつ》の伸長《しんちょう》による翼の進化という仮説を立てました。しかしドラゴンを6足動物として考えたときの鳥やコウモリのような翼は、よりリアリティーが増し、恐ろしくも威風堂々《いふうどうどう》としたドラゴンの姿を描くことができるのです。

大きさ --- 4～5メートル、10メートル以上のものも

生息地 --- 渓谷や絶海の孤島など

特　徴 --- 大きな翼で空を飛ぶ、2足、あるいは4足歩行する

出　典 --- ギリシャ神話 など

分　類 --- 爬虫類　両生類

危険度 ---

必殺技 --- 火を吐く、かみくだく、するどい爪で切り裂く など

さまざまな姿で創造されてきたドラゴン。
ここでは前足、後足を残したまま、
強固な翼をもって進化したドラゴンを
考察していきたいと思います。

リアルに考察した「６足のドラゴン」

ドラゴンの翼は飛翔するためのものではなかった

６足動物では「肩帯《けんたい》（鎖骨《さこつ》や肩甲骨《けんこうこつ》など）」、「腰帯《ようたい》（骨盤）」、そして「尾帯《びたい》（尾部《びぶ》）」があります。

それぞれの帯から１対の足が伸びます。

一般的な姿のドラゴンは上体を起こして腕があり、背中には翼、そして後足２本で立ち上がります。

６足動物でのドラゴンの骨格は以下のようになります。

まず肩帯から２本の腕が伸びており、腰帯からは背中側に向けて翼が伸びています。

４足動物ではこの腰帯から後足が伸びています。

そして４足動物とのなによりの違いは、尾帯をもっていてそこから体

リアル「6足のドラゴン」の骨格図

全体を支え、歩行に用いる後足が伸びている点です。

ドラゴンは飛べるので後足だけで着地しそのまま歩行することもあるでしょうが、巨体《きょたい》になればなるほど、4本足で歩行するものも少なくありません。

その場合は肩帯《けんたい》から伸びる前足が補助的に体を支え、歩行もサポートしていたのだと推測されます。

ただもう少し慎重に考えたい点はドラゴンのもつ腰帯《ようたい》から伸びる翼の役割です。

ドラゴンの飛翔能力《ひしょうのうりょく》とは、その巨体のことを考慮するとやはり現実的ではないのです。

たとえば現在も南アメリカに生息していて、もっとも体重の重い飛翔動物として知られる鳥類の「アンデスコンドル」。

ひろげれば3メートルにも達する立派《りっぱ》な翼をもちますが、体重はわずか15キロなのです。

４足と６足のドラゴンの骨格変化

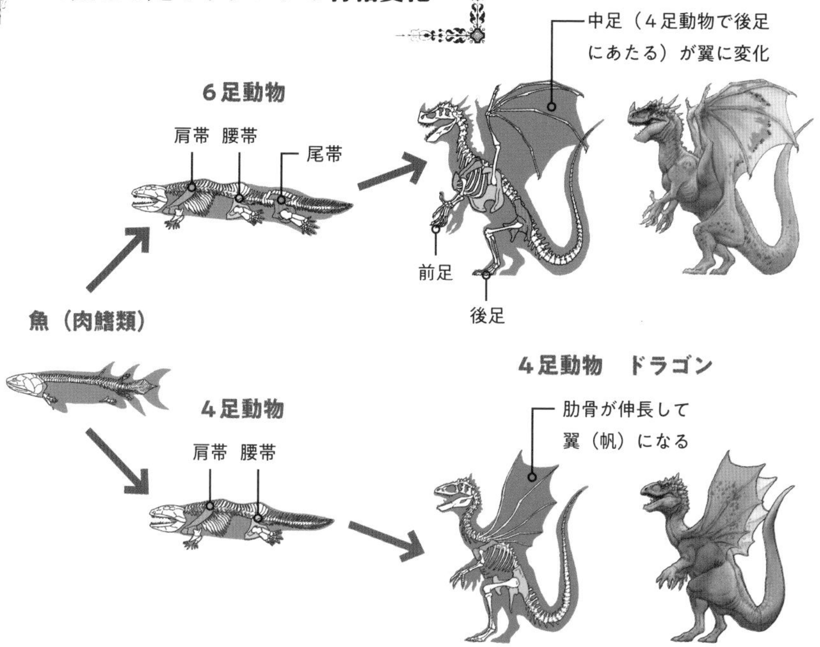

ドラゴンの姿を見てわかるように、アンデスコンドルのバランスを考えてもその体に対しての翼のサイズはつりあっていません。

私たちが想像している翼よりもはるかに大きい翼、肉をそぎ落としたような身軽な体形かつ骨の内部の空洞《くうどう》化《か》など軽量化を徹底した体なら飛翔の可能性は否定できないでしょう。

しかし現時点ではドラゴンの翼は飛翔するためのものではなく、**自《みずか》らを誇示《こじ》するための飾《かざ》り、もしくは直射日光の強いサバンナで暮らすアフリカゾウが大きな耳をパタパタさせて体温調節をするためのようなものだったと考えるのが現実的かもしれません。**

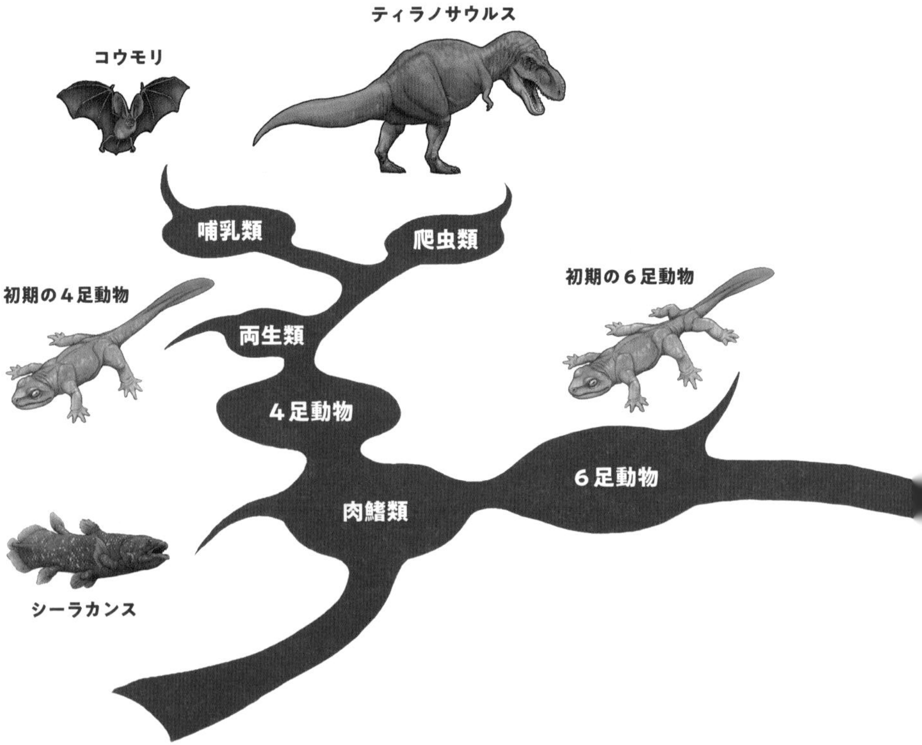

腕、翼、足がすべてそろった生物

シーラカンスなどの海や川などにすんでいる肉鰭類《にくきるい》のグループから４つの足をもち、地上を歩くようになったのが４足動物です。

４足動物には両生類《りょうせいるい》、爬虫類《はちゅうるい》、鳥類、哺乳類《ほにゅうるい》が含まれます。

このなかから、４足歩行だったものが２足歩行になった動物もおり、余った２本の足を私たち人間は手腕に変化させ、鳥類は翼に変化させています。

本書ではそれと同時に肉鰭類の６つのヒレが６本の足に変化させた６足動物を登場させています。

６足動物としてのドラゴンの祖先はやはり６本の足で地上を這《は》い歩

6足動物　6足のドラゴンの進化過程を含む系統図

くトカゲのような動物だったでしょう。

しかしながら地上を歩くのに6本も足は必要ありません。

4足動物を見る限り、私たちの足は2本、ウマやイヌなどは4本。それだけで十分なのです。

そのためドラゴンの祖先《そせん》の前足2本は早い段階で歩行から解放され、手腕のような役割をしたでしょう。

さらなる進化で、次は中足《なかあし》2本が解放され、手腕は4本になります。

やがて、中足の手指の骨は伸長《しんちょう》し、翼を形成させます。

せっかくの立派な翼をもっても、重厚な体では飛翔能力《ひしょうのうりょく》が得られないため、小型で体の軽量化がほどこされたドラゴンも進化の過程で現れるでしょう。

神や英雄の愛馬

ペガサス

ギリシャ・ローマ神話に登場する鳥のような翼をもち、空を自由自在《じゆうじざい》に飛ぶことができるウマ、それがペガサスです。神話では海の神であり、馬の神でもある「ポセイドン」と怪物《かいぶつ》の姿になる前の「メドゥーサ」とのあいだに生まれた、英雄《えいゆう》ペルセウスが怪物となったメドゥーサの首を切り落としてこぼれた血から生まれたともいわれます。その後、ギリシャ神話の英雄の馬として活躍し、最終的には最高神「ゼウス」の乗用馬となったといわれています。

大きさ --- 2～3メートル
生息地 --- 泉のほとり、山の頂上部 など
特　徴 --- 大きな翼で空を飛ぶ
出　典 --- ギリシャ・ローマ神話 など

分　類 --- 哺乳類
危険度 ---
必殺技 --- 地上を疾走し、自由自在に空も飛ぶ

陸を駆けぬけ、空を飛びまわる。
翼のあるウマ・ペガサスもまた
ウマのなかでも特別な存在として
進化したといえます。

リアルに考察した「ペガサス」

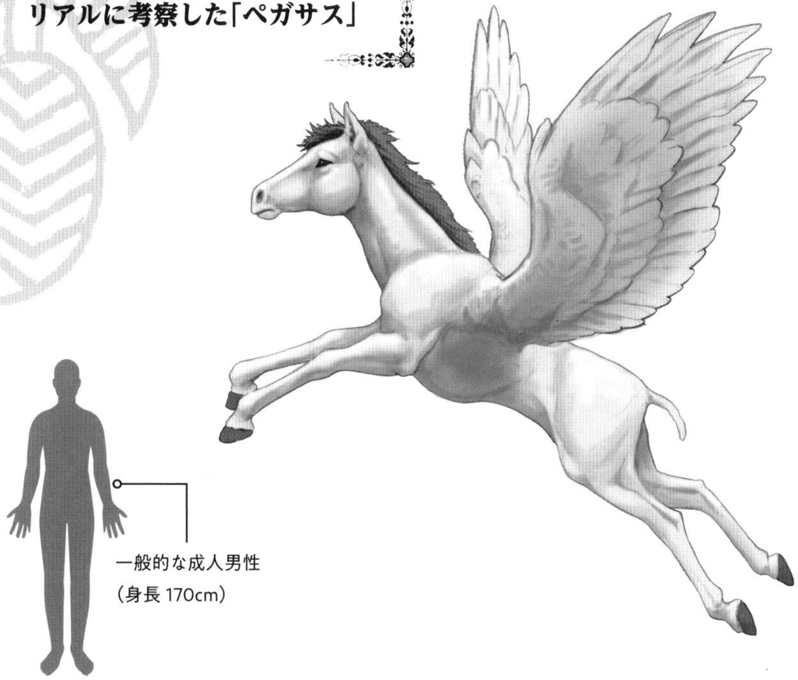

ペガサスは飛べるのか

ウマの４本の足と２枚の翼があるペガサスはやはり６足動物と考えられます。

つまり、ペガサスはウマの体に翼が生えたような動物ですが、ウマは４足動物なので、ウマの仲間とは外見では似ていても、まったく系統の異なる動物です。

前足が伸びる肩帯《けんたい》と中足《なかあし》が伸びる腰帯《ようたい》はほぼ密接しており、そこからウマの足のようになった前足と鳥のような翼に変化した中足《なかあし》が伸びます。

そして体の後方にある尾帯《びたい》から、これも前足と同じく、ウマのような足が伸びています。

さて、ペガサスは中足《なかあし》の立派な翼をもちますが、神話に登場するペガサスのように空を自由自在に飛べるのでしょうか。

リアル「ペガサス」の骨格図

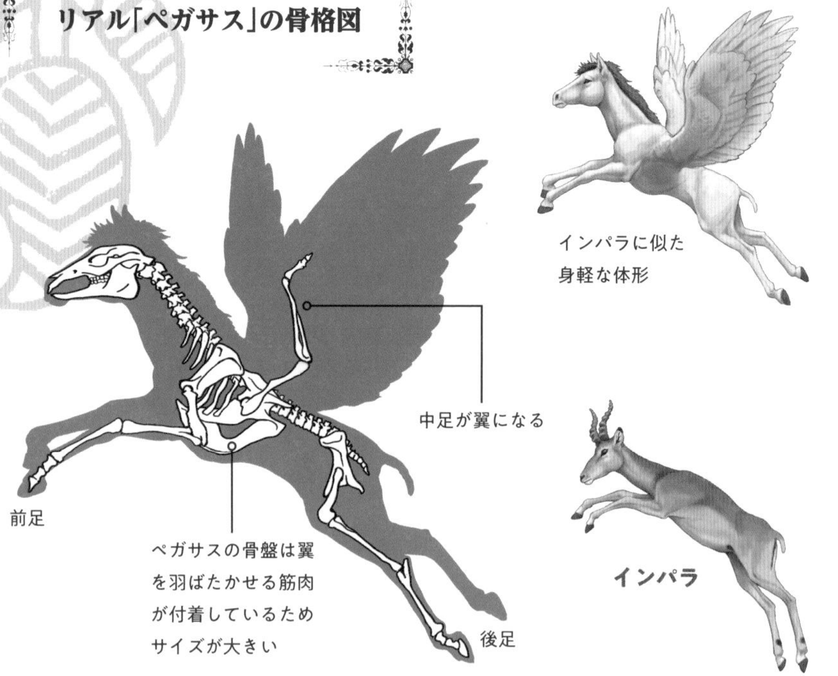

これはドラゴンの翼と共通していえることですが、やはりどんな立派な翼で高い揚力《ようりょく》を発生させたとしても、ウマの体重は500キロで、そのような重い体を宙に浮かせて飛ぶことは現実的ではないでしょう。

飛ぶ鳥でもっとも大きい「アンデスコンドル」は翼をひろげると３メートルにもなりますが、体重はわずか15キロです。

ペガサスがウマと同じ体重とするならば身体のサイズに対しては極端にアンバランスな巨大な翼をもつ必要があるでしょう。

では、ペガサスの翼は無用《むよう》の長物《ちょうぶつ》になってしまうのでしょうか。

そんなことはありません。

そこでペガサスがインパラのように身軽な体形だったら、どうでしょう。

インパラの体重はおおよそ50～60キロあたりでウマの体重の10分の１程度しかありません。

それでも横幅《よこはば》３メートルにもなる翼をもつアンデスコンドルの体重は

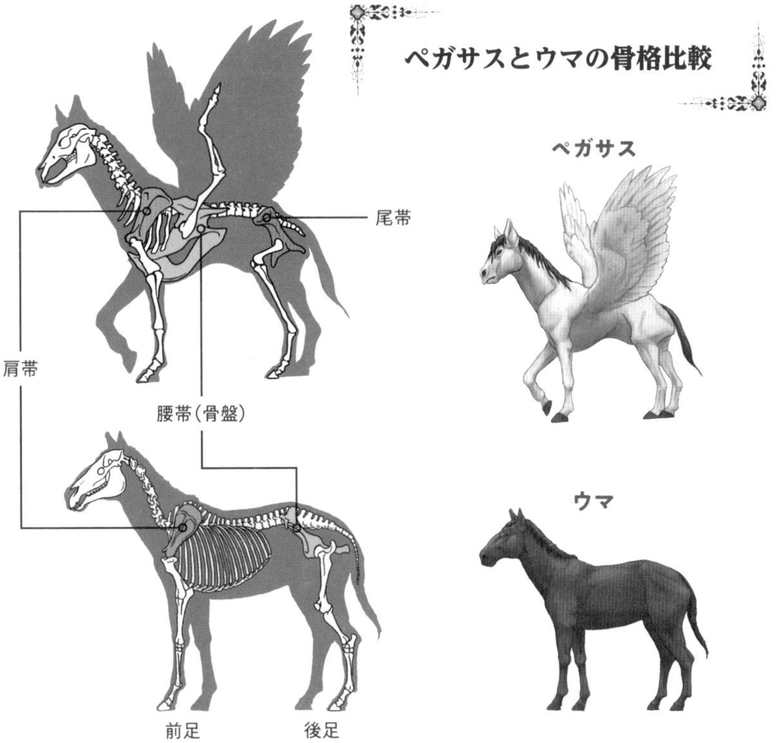

ペガサスとウマの骨格比較

わずかに15キロですから、翼のあるインパラが飛翔するにはそれ以上の大きな翼が必要となることでしょう。

しかし飛翔まではいかなくても、インパラの跳躍《ちょうやく》の飛距離は10メートルを超えます。

インパラのようなペガサスが強い脚力《きゃくりょく》で疾走し、ひろげた翼で風を切り、揚力を発生させて跳躍すれば、インパラよりも飛距離を大きく稼ぐことができるかもしれません。

その飛距離の長い跳躍で大きな川を飛び越え、対岸まで飛んでしまえば、川を渡れない捕食者から逃げ切ることに十分役立ちます。

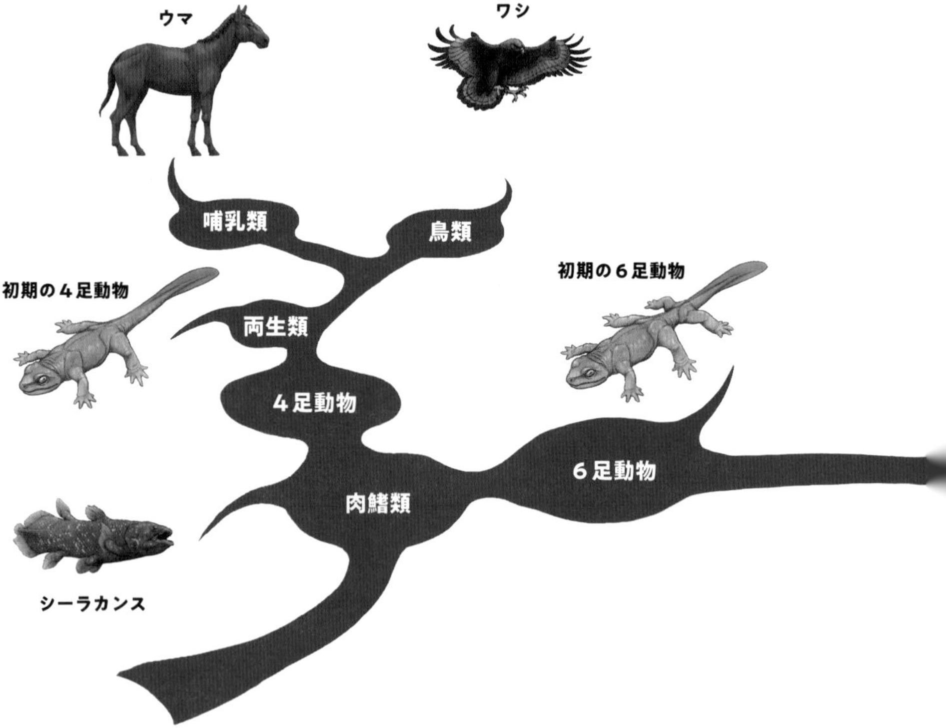

川を安全に渡るための翼

　鳥のように自由自在《じゆうじざい》に空を飛べなくても、ペガサスの翼は跳躍《ちょうやく》の飛距離を大きく伸ばすことができます。

**　これは地形的な環境によっては、捕食者から難《なん》をのがれるのに大きな役割を果たすことでしょう。**

　翼をもつペガサスの能力が活かされる場所はたくさんの川が流れる平坦《へいたん》な地で、デルタ地帯などといった場所です。

　ライオンのような肉食獣に襲《おそ》われても、ペガサスなら跳躍によって川を越えて対岸へのがれることができます。

　またその川のなかにもワニのような半水生《はんすいせい》の肉食動物がひそんでい

6足動物　ペガサスの進化過程を含む系統図

ます。

アフリカ東部のサバンナでは200万頭の「オグロヌー」や数十万頭の「シマウマ」などの多くの草食獣《そうしょくじゅう》の群れが大移動し、川を渡ることがあります。

サバンナでは雨季《うき》と乾季《かんき》の季節があり、乾季が近づいてくると、乾《かわ》いた大地からのがれ、水をもとめ、肥沃《ひよく》な草原へと大移動するのです。

その旅の途中に川があれば、草食獣たちは川のなかに入って向こう岸に渡るしかありません。

川のなかでは草食獣は思うように動くことができず、半水生のワニがその機会をねらって草食獣を襲い、多くの犠牲《ぎせい》が出ます。

翼をもち、跳躍によって川を越えられるペガサスにとっては、それは安全に川を渡るメリットだったことでしょう。

大地を駆ける賢者

ケンタウロス

ギリシャ神話に登場する、人間の上半身にウマの4本の足と胴体《どうたい》があわさった混成動物です。人間とウマの両方の能力をもち、速い速度で疾走《しっそう》し、手にもった弓を射《い》ることができます。知性にあふれ、音楽や武術にも長《た》けていた者もいて、ギリシャ神話の英雄《えいゆう》たちは彼から剣や弓を教わったといわれています。ケンタウロスの姿の起源《きげん》については中央アジアの騎馬民族《きばみんぞく》スキタイ人と戦った乗馬文化のないギリシャ人がウマに乗る彼らを怪物《かいぶつ》と見間違えたという説もあります。

大きさ --- 2～3メートル
生息地 --- 山間部、森の中など
特　徴 --- ヒトの上半身とウマの下半身をもつ
出　典 --- ギリシャ・ローマ神話 など

分　類 --- 哺乳類
危険度 ---
必殺技 --- 卓越した知力、秀でた武術

星座の射手座としても知られるケンタウロス。
ヒトの上半身にウマの4本足をもつ
彼らの進化とはいかにしてなされるのでしょうか。

リアルに考察した「ケンタウロス」

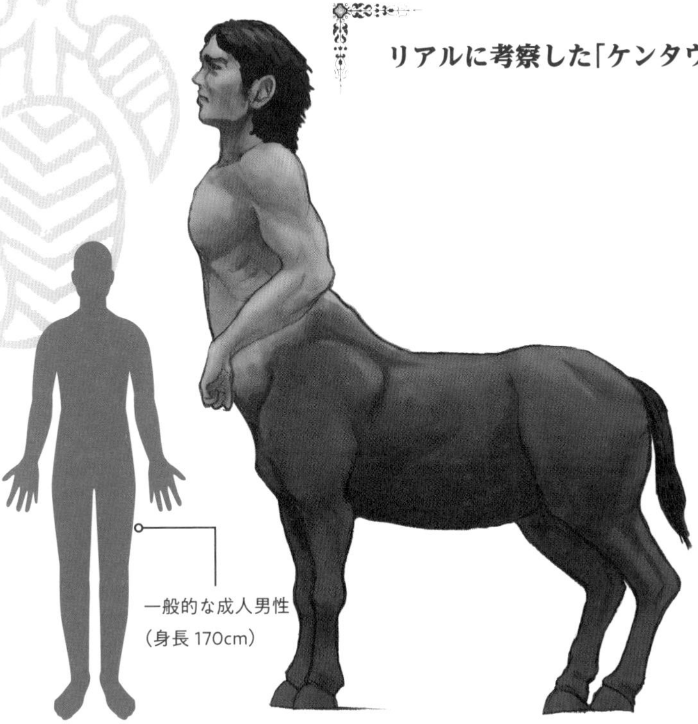

洗練された進化の姿のケンタウロス

ケンタウロスは上半身が人間、下半身がウマの体になっている半人半獣で人間のような腕を２本、ウマのような脚《あし》が４本あります。

４足動物であるわたしたち人間のような進化の過程を経ては到底《とうてい》そうはなりません。

人間の腕をもち、４本のウマの脚をもつことを考えると、やはり６足動物の進化と考えられます。

ギリシャ神話では蛮行《ばんこう》をはたらく理性《りせい》の欠《か》けた種族のようですが、なかには優秀な者もいて、アポロンやアルテミスという名の神さまから教育を受けていたケイロンという者もいました。

ケイロンはケンタウロス族の賢者《けんじゃ》とよばれ、ヘラクレスやペルセウスなどの英雄《えいゆう》に剣や弓などを教えていたようです。

リアル「ケンタウロス」の骨格図

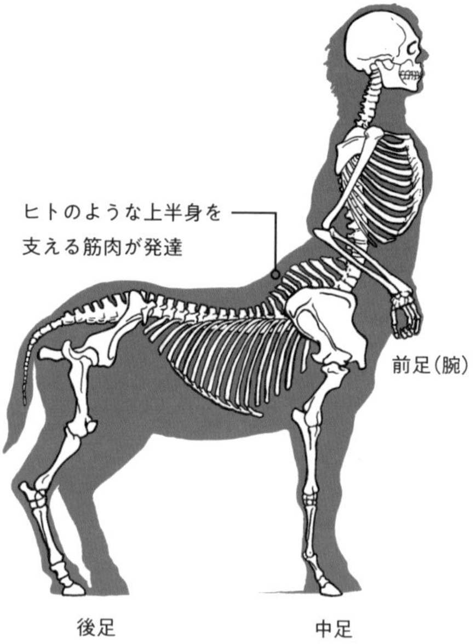

高度な教育を受ければ人間と同等かそれ以上の高い知能《ちのう》を発揮《はっき》できたようです。

ケイロンはアルテミスから狩猟《しゅりょう》を学んでいたこともあり、ケンタウロスといえば弓矢を引く姿がおなじみですが、人間の腕と同様《どうよう》の前足は母《ぼ》指対向性《したいこうせい》の５本指の手があります。

物をつかみ持ったり、投げたり、多用途《たようと》かつ繊細《せんさい》にその前足を使っていたことでしょう。

そして腰帯《ようたい》から伸びる中足《なかあし》と、尾帯《びたい》から伸びる後足はウマのような４本の脚《あし》があります。

５本の指をもつ前足（腕）とは違い、中足と後足は地面を蹴るのに特化して使われるため、１本の太い指にまとめられ、そこに蹄《ひづめ》がついていました。

そのシンプルで頑強な４本の足でウマのような脚力《きゃくりょく》を発揮していたと考えられます。

人間とケンタウロスの骨格変化

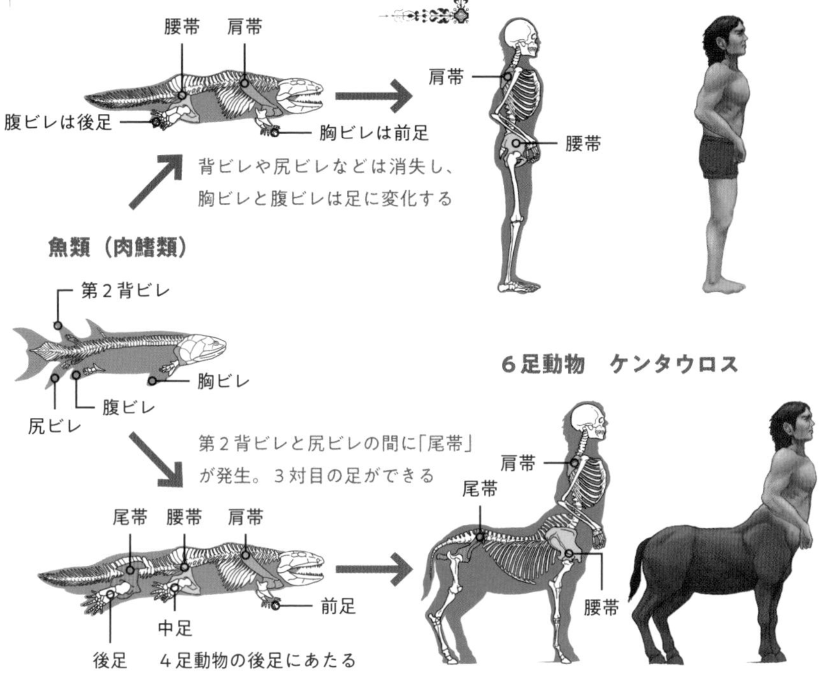

またサテュロスの２本足と違い、４本の足で体を支える安定性もあります。

人間の手腕とウマの脚《あし》は機能面でまったく異なりますが、これら両方の手足をもつケンタウロスは人間とウマの長所をかけあわせたすばらしい進化を遂《と》げた動物といえます。

さて、ケンタウロスの体を見ると、ウマの首から上が人間の上半身になっているといった姿ですが、ウマの頭と首を合わせた重さと人間の上半身の重さでは、重いのはやはり後者でしょう。

ケンタウロスはその人間のような上半身を支えるために、そのつけ根に発達した筋肉が必要なので、ケンタウロスのウマ部分の肩から背中あたりは筋肉（背筋）で大きくもりあがっていたでしょう。

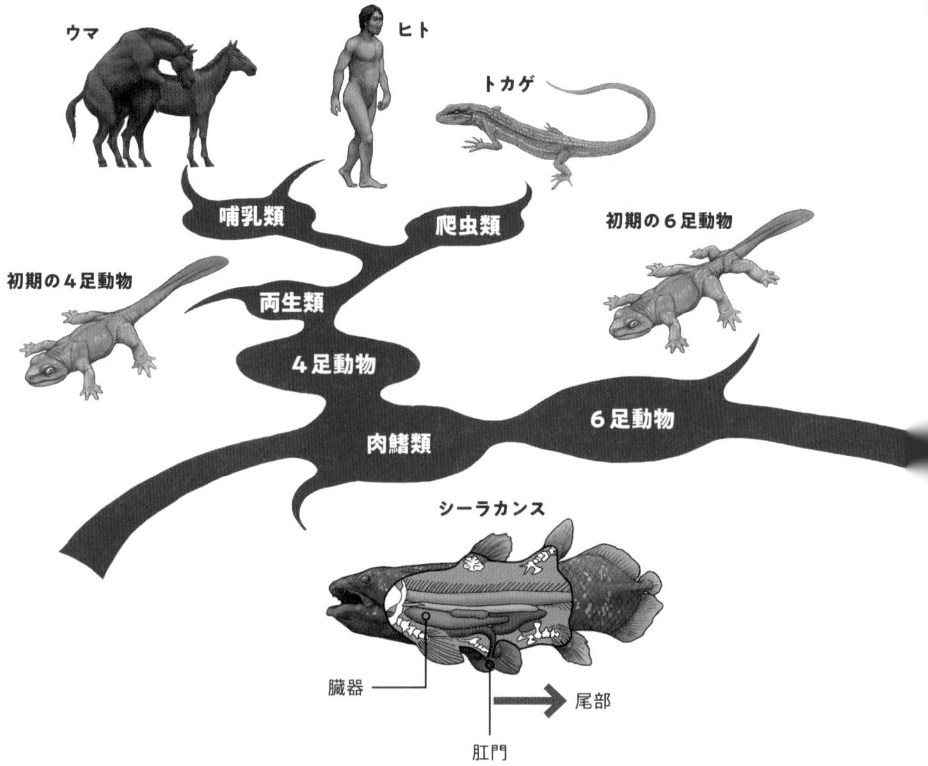

２つの胴体の内臓の行方

６足動物のケンタウロスは見てわかるように人間とウマの２つの胴《どう》体《たい》をもっているということで内臓《ないぞう》や性器の位置などとても気になります。

６足動物は４足動物の尻尾にもう１対の足が生えるといったイメージの動物なので、ケンタウロスのウマのような胴体部は尾部《びぶ》にあたります。「トカゲのしっぽ切り」なんて言葉がありますが、４足動物の爬虫類《はちゅうるい》であるトカゲは危険からのがれるために自らの尾を自切《じせつ》します。

尻尾には大切な臓器がないからできることなのです。

ではケンタウロスはウマの胴体部のような尾部には臓器がないので

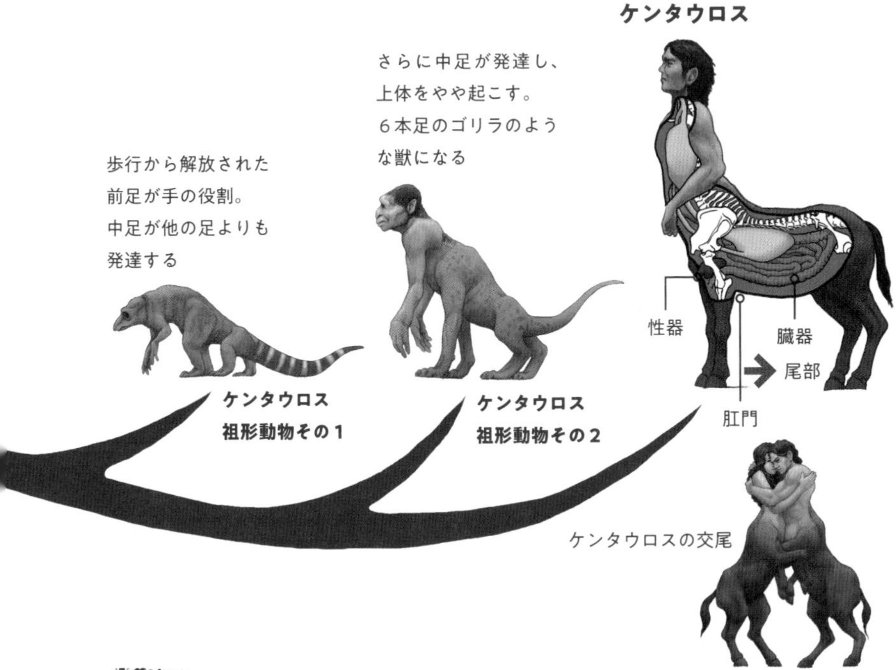

6足動物　ケンタウロスの進化過程を含む系統図

しょうか。

4足動物と6足動物の祖先《そせん》となる肉鰭類《にくきるい》にはシーラカンスがいますが、肛門《こうもん》が腹ビレの間あたりにあり、腹側から見て、ちょうど体の真ん中にあります。

そこから体内部の前後に腸や胃、肝臓などが展開しています。

4足動物では肛門より後ろはたいてい尾部ですが、シーラカンスは尾部にあたるところにも大切な臓器があるのです。

6足動物のケンタウロスもこれと同じで、尾部にあたるウマのような胴体もせっかくの大きなスペースなのでさまざまな臓器があるでしょう。

ちなみにケンタウロスは肛門と性器はウマの前足のような中足《なかあし》の股にありますので、交尾もウマとはまったく違う体勢になると思います。

王者の象徴

グリフォン

上半身は空の王者《おうじゃ》ワシ、下半身は百獣《ひゃくじゅう》の王ライオンという姿をしているグリフォン。獣《けもの》の王と鳥の王をあわせたことから古くから力の象徴《しょうちょう》として紋章《もんしょう》にも使われています。グリフォンの起源《きげん》は古代中東のシュメールの神話からといわれており、その後多くの神話や物語に登場しています。ちなみにグリフォンはウマが大好物《だいこうぶつ》であり、ウマから見ればグリフォンは天敵《てんてき》で、不可能なことを表す言葉に「グリフォンとウマを交配《こうはい》させるようなもの」という表現があります。

大きさ --- 10 ~ 15 メートル
生息地 --- 山岳部や金山など
特　徴 --- ライオンの体とワシの翼と頭部をもつ
出　典 --- 古代メソポタミアからの伝承 など

分　類 --- 鳥類　哺乳類
危険度 --- 🔥🔥🔥🔥🔥
必殺技 --- するどいかぎ爪でつかみさらう

古代から象徴的にあがめられてきたグリフォン。
トリの翼と４本の足をもつ、陸空最強の幻獣は
どのような進化の先に現れるのでしょうか。

リアルに考察した「グリフォン」

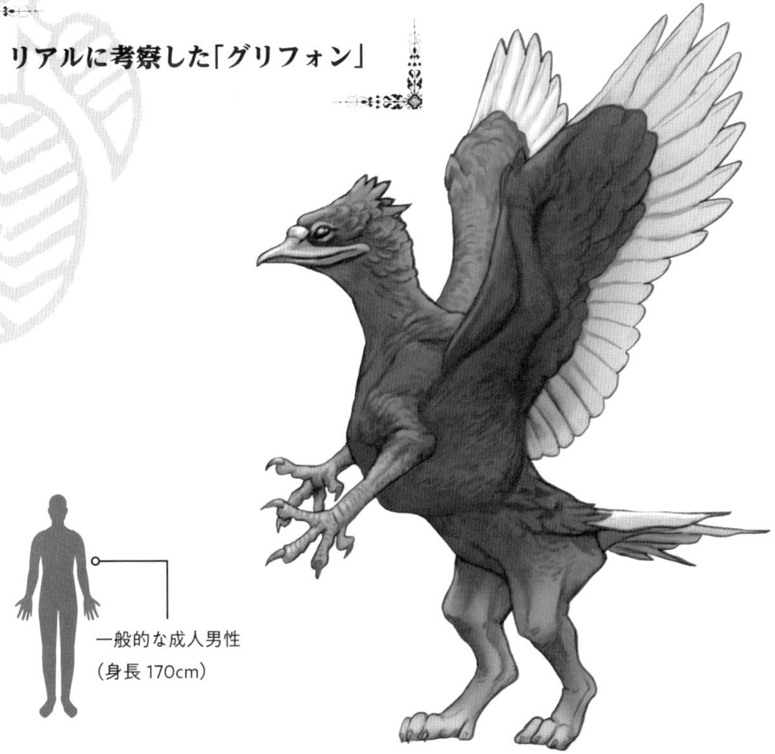

忍び足で近づくどう猛なワシ

グリフォンは上半身のワシと下半身のライオンをあわせた外見が特徴的な幻獣《げんじゅう》です。

そうなると上半身にはワシのかぎ爪のある足と大きな翼、下半身にはライオンの後足があることが考えられます。

つまり合計６本の足があるということになります。

そこでグリフォンを６足動物の仲間として考えていきましょう。

骨格から見ていくと、肩帯《けんたい》から伸びる前足はワシの後足のような形になっており、腰帯《ようたい》（骨盤）からはワシの立派な翼が生えています。

そして尾部《びぶ》の尾帯《びたい》からライオンの後足が伸びているのです。

平たくいえば、ワシの体のいちばん後ろの先端にある尾羽《おばね》のところに尾が生えていて、そこからライオンの後足が生えているイメージです。

リアル「グリフォン」の骨格図

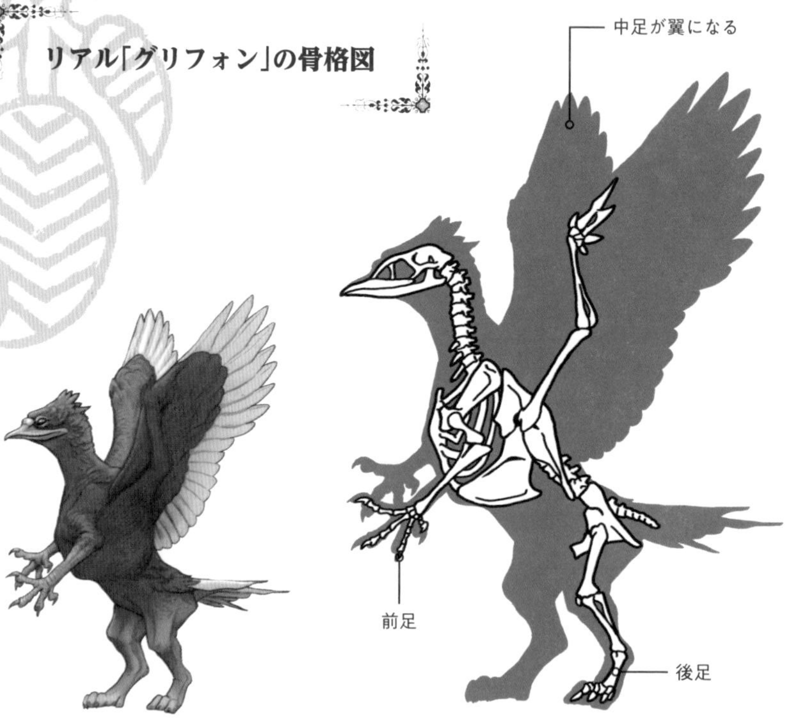

本書で紹介する６足動物のイメージは４足動物の長い尻尾から２本の足が伸び、合計６本の足になるという構造です。

ただ６足動物の尾部《びぶ》は足が２本生えているのにくわえて、形にバリエーションがあり、ケンタウロスやペガサスの尾部はウマの体の後半部のような形をしているため、尻尾のように見えないだけなのです。

グリフォンも同じく、ライオンの体の後ろ部分に見えるだけの尻尾をもっているというわけです。

さて、ライオンの体の後ろ部分のように見えるグリフォンの尾部はネコ科動物のようにしなりと柔軟性がある部分で、そこから生える２本の後足のおかげで空から舞《ま》いおりる際に地上の獲物に気づかれないように音を立てず、静かに着地できたと考えられます。

グリフォンの大好物であるウマは目の瞳孔《どうこう》が横長で横方向に広い視野をもつ分、上下方向の視野は制限され、上空からせまってくるグリフォンに気づけず、ウマにとってやっかいな天敵《てんてき》となるでしょう。

6足動物　グリフォン

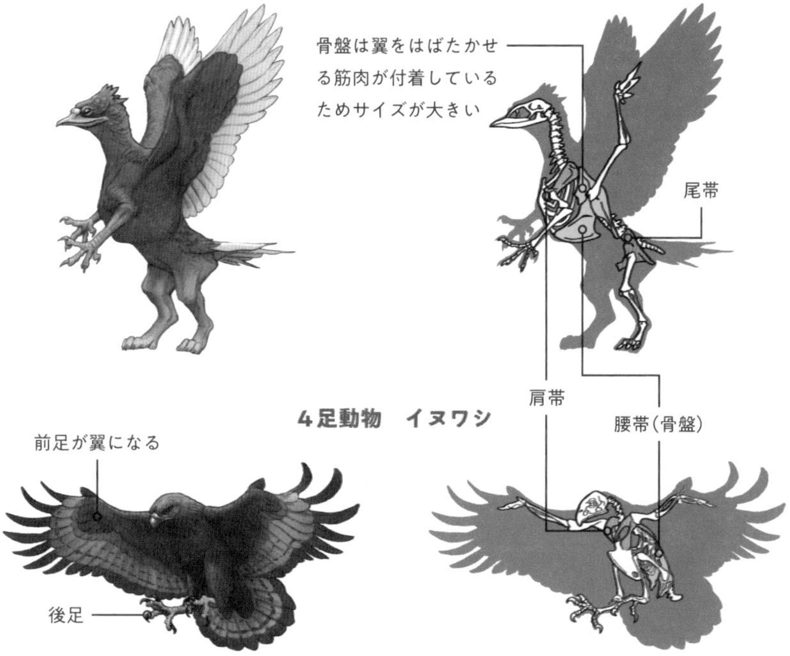

そもそもグリフォンは実際に飛べたのでしょうか。

トリに尾がないのは、飛翔するための体の軽量化の一つですが、1億5000万年前に生息していた「始祖鳥《しそちょう》」は長い尾をもっており、後足や尾にも羽を生やしていました。

十分な飛翔能力《ひしょうのうりょく》があったのです。

このように見るとグリフォンはワシのような体が占《し》める割合が大きく、ライオンのような下半身が重荷《おもに》になるものの、重い歯ではなく軽いクチバシになっていることや、骨の軽量化に成功していれば、飛翔する能力、あるいは滑空《かっくう》するぐらいの能力はもっていたと考えられます。

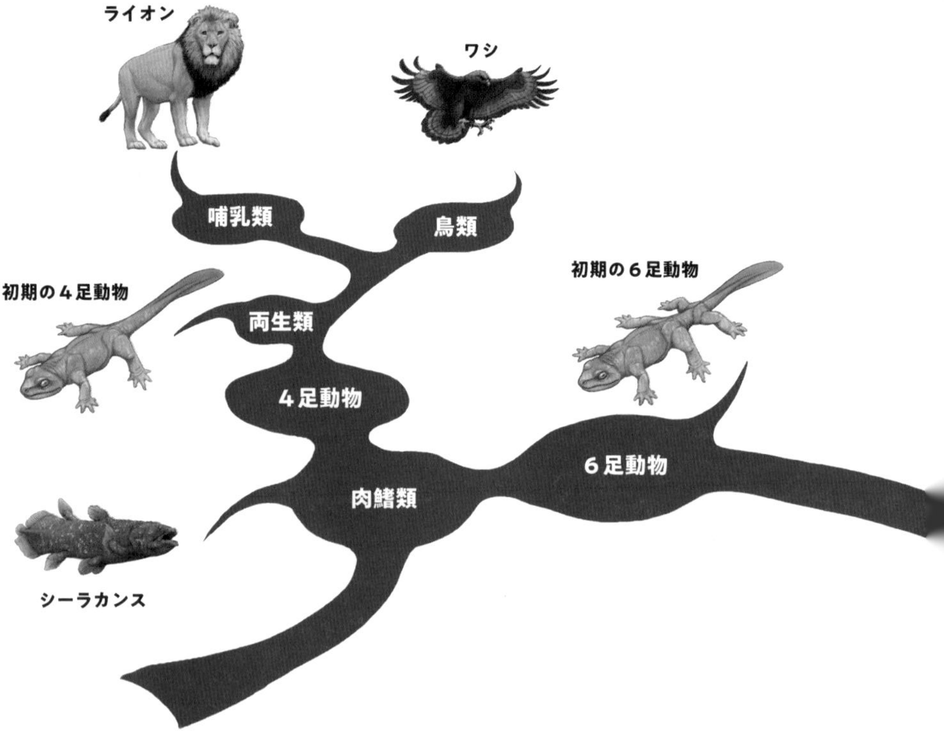

まさに種は“ヒッポグリフ”

不可能という表現として使われる「グリフォンとウマとの交配《こうはい》」ですが、この交配によってワシの上半身にウマの下半身をもつ「ヒッポグリフ」という幻獣《げんじゅう》が生み出されています。

現実世界で別の種の動物どうしが交配して、ハイブリッドの子どもが生まれるというケースはあります。

人為的《じんいてき》ではあるもののライオンとトラの間に生まれた「ライガー」が有名です。

しかし、ライオンとトラは近い種であり、そのあいだに子どもが生まれるも、その子どもには繁殖能力《はんしょくのうりょく》がなく、「種」としての存続はで

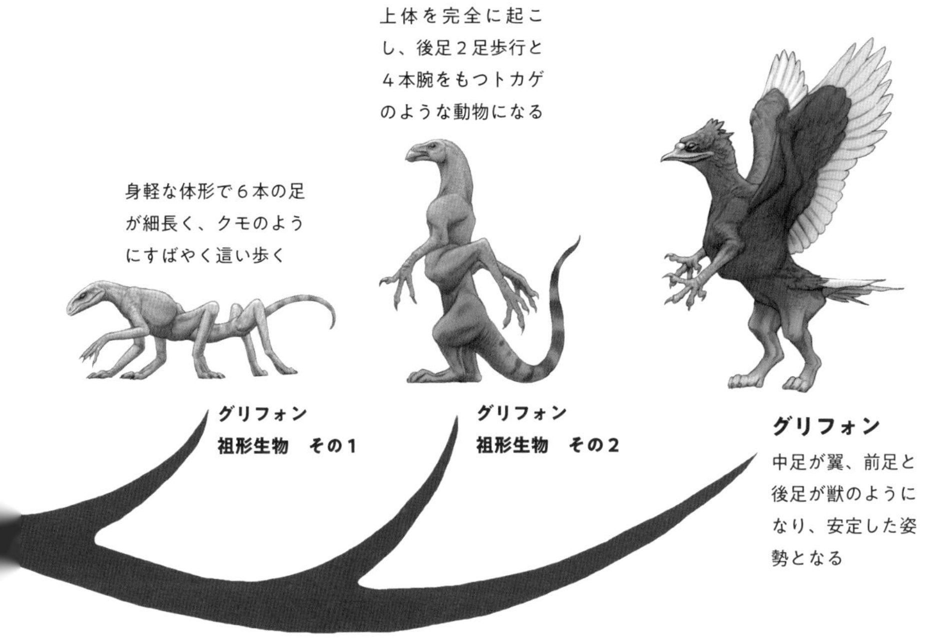

6足動物　グリフォンの進化過程を含む系統図

きません。

いずれにしても、ライオンとワシは哺《ほ》乳類《にゅうるい》と鳥類でまったく系統が異なり、両方の特徴をあわせもつグリフォンのようなハイブリッドが生まれることも不可能です。

やはり、違う生物から長い年月をかけた進化の過程で、ライオンとワシの見た目の特徴をあわせもつような生物が現れると考えるのが妥《だ》当《とう》でしょう。

そして、グリフォンは6足動物です。

やはりライオンやワシなど4足動物から魚まで進化の過程をさかのぼり、そこからスタートしないとグリフォンのような生物は現れないでしょう。

3本足の予言者

アマビエ

1846年、江戸時代の日本で、肥後国《ひごのくに》（現在の熊本県）の海上に出現したという妖怪《ようかい》アマビエの姿は江戸時代に日本で普及《ふきゅう》していた瓦版《かわらばん》（いまの新聞のようなもの）に絵と文が記載《きさい》されています。アマビエの頭には長い髪《かみ》とクチバシがあり、胴体《どうたい》はウロコでおおわれ、3本の足がある生物として描かれています。いい伝えでは、アマビエは疫病《えきびょう》の流行《りゅうこう》を予言《よげん》したといい、「予言どおり疫病が流行《はや》れば、自身の姿を描きうつして、人々に見せなさい」と言って海へと去っていったそうです。

大きさ --- 1メートル未満	**分　類** --- 魚類
生息地 --- 日本の海	**危険度** --- 🔥
特　徴 --- 魚のような姿に3本の足、髪のようなものをもつ	**必殺技** --- 豊作や疫病などを予言する
出　典 --- 日本の伝承	

日本全国で知られる存在となったアマビエ。
伝承やいい伝えにある絵から
リアルに創造した際に見えるアマビエの姿は
特異な進化を遂げた生物だったのです。

リアルに考察した「アマビエ」

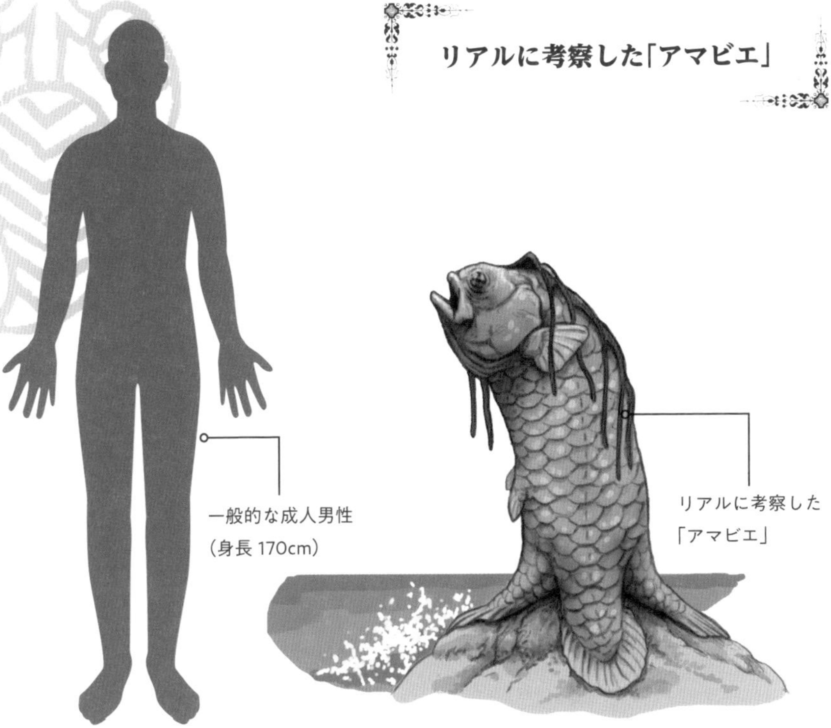

地上に立つ３本足の魚類

アマビエの姿の特徴は３点あります。

鳥のようなクチバシに長い髪《かみ》、胴体はウロコにおおわれ、３本足という点です。

まずこの３本足という特徴に着目したいと思います。

本書ではアマビエを魚の仲間、肉鰭類《にくきるい》として考えます。

アマビエは魚の仲間といえ、地上で３本の足で立ちます。

そうなると水の外でも呼吸ができるというわけですが、そんなことは可能なのでしょうか。

肉鰭類の仲間には空気呼吸のできる肺をもつ「肺魚《はいぎょ》」がいます。

じつは大昔のサカナも肺魚のように肺をもっており、それを水中での浮《ふ》力調整《りょくちょうせい》につかう「鰾《うきぶくろ》」とよばれる気体のつまった袋状の器官に変化させ

リアル「アマビエ」の骨格図

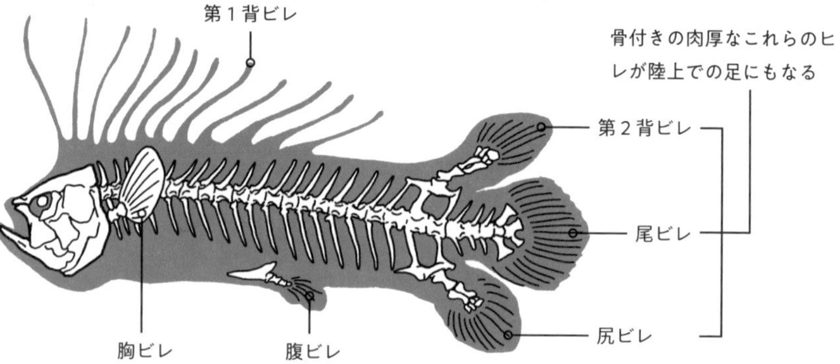

ています。

つまり、肺魚は他のサカナのように「肺」を「鰾《うきぶくろ》」に変化させていないため、今でも水の外で呼吸ができるようになっています。

アマビエもこの肺魚のような形で空気呼吸ができるのだと考えられます。

肉鰭類《にくきるい》でよく知られたものに「シーラカンス」がいますが、その特徴は「骨付きの肉厚《にくあつ》なヒレ」をもつことです。

実際の進化の過程でも、魚から陸上動物へと形を変えていく際、肉鰭類の肉厚な胸ビレと腹ビレを変化させることによって、地上を歩くための４足動物の足を形成していったとされています。

肉鰭類の肉厚なヒレは胸ビレや腹ビレ以外にも背ビレや尻ビレ、尾ビレがありますが、胸ビレと腹ビレが４本の足へ進化する過程でこれ以外のヒレは喪失《そうしつ》しています。

アマビエはこの消失したであろう肉鰭類の背ビレと尻ビレ、そして尾

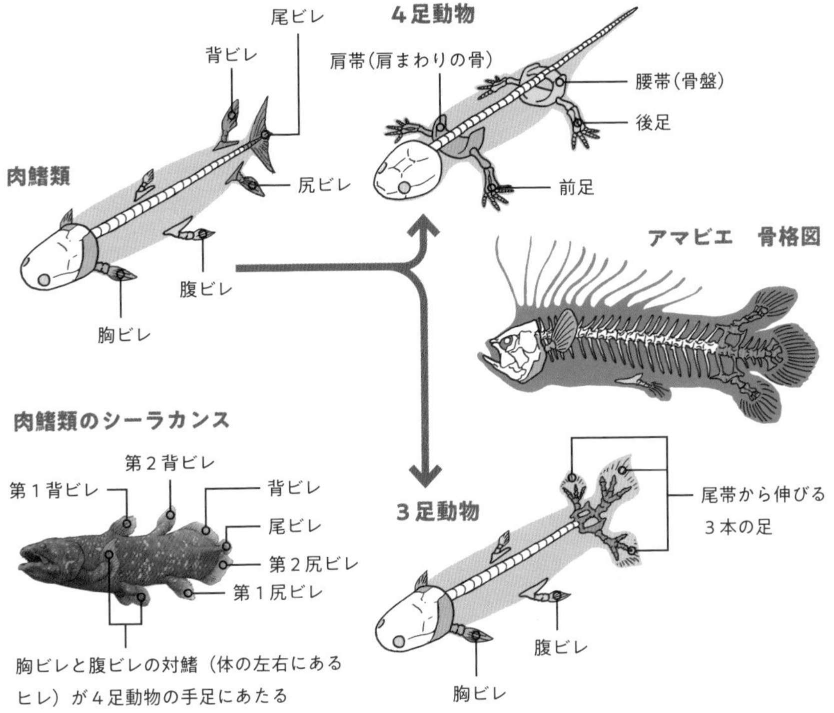

ビレの３つのヒレが足に変化したものではないかと考えられるのです。

アマビエにおいては、現実世界の4足動物のように、胸ビレと腹ビレが足に変化することはありませんでしたが、そのために3本の足だけをもつようになったのです。

またアマビエの長い髪という特徴ですが、これも3本足の進化と同様に消失しなかったヒレの進化の一つです。

肉鰭類の複数ある背ビレのうち、後方の背ビレは3本足のうちの一つとなりますが、前方にある背ビレが長く発達し、髪のようなものを形成したのです。

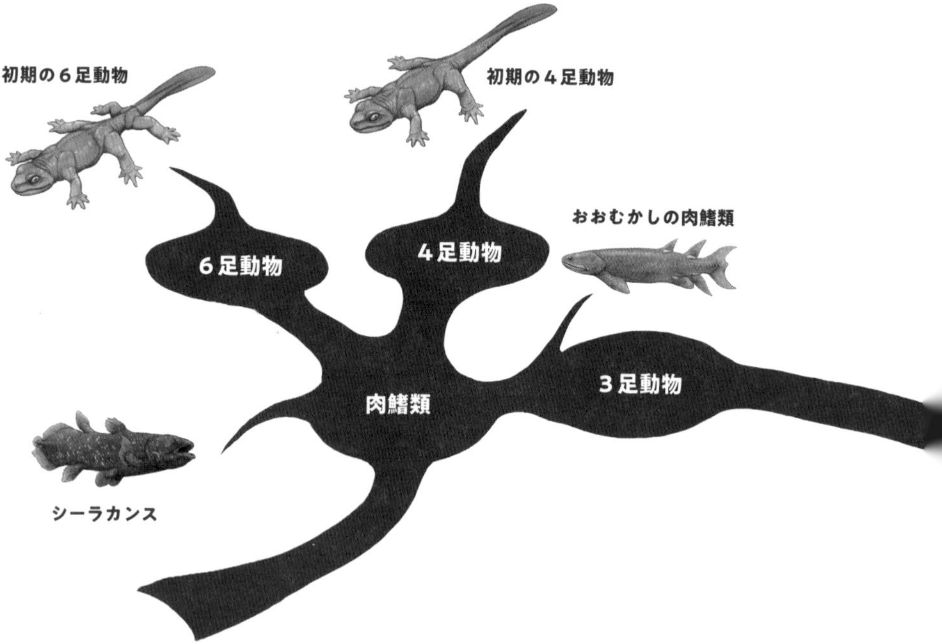

奇数の足をもつ、非常にまれな存在

背ビレ、尻ビレ、尾ビレの３つのヒレが３本の足になったアマビエ。

本書ではこれを「３足動物《さんそくどうぶつ》」とよびたいと思います。

新天地《しんてんち》の陸上世界へと肉鰭類《にくきるい》が進出しようとする際、自身の複数あるヒレのうち、どれを足に変化させるなど、さまざまな試行錯誤《しこうさくご》があり、その果てに進化を遂《と》げました。

足が４本ある４足動物、足が６本ある６足動物、そしてアマビエを含む３足動物です。

４足動物には両生類《りょうせいるい》、爬虫類《はちゅうるい》、鳥類、哺乳類《ほにゅうるい》と今でも多種多様に見られます。

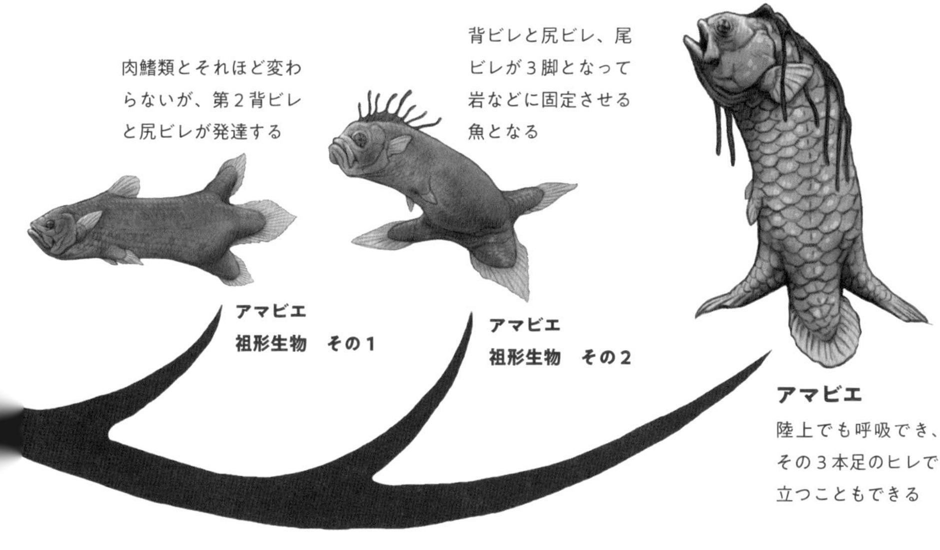

3足動物　アマビエの進化過程を含む系統図

また６足動物にもドラゴンやケンタウロス、ペガサスなどさまざまな幻想動物がいます。

たいていのどの生物をみても生物は基本的に左右対称です。

つまり足の本数ならばほぼ必然的に２本、４本と偶数《ぐうすう》になるはずで、３本足というのは生物としてきわめて珍しいものなのです。

アマビエを含む３足動物は珍しいだけに少数派で動物群としてはかなり小規模なグループといえるでしょう。

おわりに

本書は人が想像した幻想動物を進化の可能性としてありうるのかをテーマにしてみましたが、いかがでしたでしょうか。

いうまでもありませんが、これはフィクションです。

フィクションではありますが、本書で考察した幻想動物（未確認生物も含む）23体は実際にいたのではないかと、どこか本気でそのように思っています。

なかでも「ユニコーン」と「ツチノコ」あたりは本当に存在している（いた）のではないかと思っています。

いずれもしっかりと確認されていませんが、目撃情報や文献などから骨格のことや進化のことを考えてみると、その姿がさほど現実離れしていないと感じるのがいちばんの理由です。

それに、これらの未知の動物は古くからその存在がいい伝えられていますね。

神話に登場する想像上の動物であるはずのユニコーンも実はギリシャの歴史家・クテシアスが「インドには一本角の馬がいる」と、紀元前4世紀ごろ（今から2300年前くらい前）に『インド誌』で発表しています。

その後、有名なギリシャの哲学者・アリストテレスが自らの著作『動物部分論』でクテシアスの一本角の馬のことを引用したことで、インドの未知の動物がヨーロッパにひろまり、ユニコーン伝説が生まれました。

日本ではおなじみのツチノコも古くからその存在がいい伝えられており、1300年前、奈良時代の『古事記』に「野椎神（のづちのかみ）」という名でそれらしき生物のことが記され、もっと古くは6000年前の縄文土器にはツチノコらしきものをかたどったものがあり、今でもその目撃情報は絶えません。

ただの空想の物語に現実味が帯びてきませんか？

現在、地球上の動物は137万種といわれています。

これはその動物が確認され、名前がつけられている種の数です。

人の近づけない山奥、また深海などには、まだまだ名前もつけられていない未知の動物もたくさんいて、それらを含めると870万種いるのではないかとさえいわれています（なかには3000万種いると主張する研究者も）。

いずれにしても私たちが確認できている地球上の動物はごく一部だというわけです。

もしかすると、古くからいい伝えられているユニコーンもツチノコも人目のつかない場所でひっそり生きながらえていて、ある日私たちの前に現れるかもしれませんね。

2021年9月　川崎　悟司

参考文献　一覧

『ゼロからわかる 幻想生物事典』かみゆ歴史編集部 著（イースト・プレス）

『幻獣辞典』ホルヘ・ルイス・ボルヘス 著　柳瀬尚紀 訳（河出書房新社）

『アフターマン　人類滅亡後の動物の図鑑』
ドゥーガル・ディクソン 著　G.Masukawa 訳（Gakken）

『新恐竜　絶滅しなかった恐竜の図鑑』
ドゥーガル・ディクソン 著　G.Masukawa 訳（Gakken）

『世界の怪物・神獣事典』キャロル・ローズ 著　松村一男 訳（原書房）

『世界幻想動物百科』トニー・アラン 著　上原ゆうこ 訳（原書房）

『異形再生　付「絶滅動物図録」』エリック・ハズペス 著　松尾恭子 訳（原書房）

『伝説の生き物　世界の神獣・怪物大集合！』近藤雅樹　監修（PHP 研究所）

『骨格百科スケルトン　その凄い形と機能』
アンドリュー・カーク著　布施英利　監修　和田侑子　訳（グラフィック社）

『骨から見る生物の進化』
ジャン＝バティスト・ド・パナフィユー著　小畠郁生　監訳　吉田春美　訳（河出書房新社）

『絶滅哺乳類図鑑』冨田幸光　著（丸善）

『講談社の動く図鑑MO VE　動物』（講談社）

『講談社の動く図鑑MO VE　鳥』（講談社）

『講談社の動く図鑑MO VE　は虫類・両生類』（講談社）

『講談社の動く図鑑MO VE　魚』（講談社）

『講談社の動く図鑑MO VE　EX MO VE　まぼろしの生きもの』（講談社）

『大哺乳類展２　みんなの生き残り作戦』（国立科学博物館、朝日新聞社、TBS、BS-TBS）

『クジラは昔　陸を歩いていた』大隅清治　著（PHP 研究所）

『理不尽な進化　遺伝子と運のあいだ』吉川浩満　著（筑摩書房）

『謎の絶滅動物たち』北村雄一　著（大和書房）

『ヒトのなかの魚、魚のなかのヒト』ニール・シュービン著　垂水雄二　訳（早川書房）

『学研の図鑑　恐竜の世界』真鍋真 監修（Gakken）

『脚・ヒレ・翼はなぜ進化したのか』マット・ウィルキンソン　著　神奈川夏子　訳（草思社）

『特別展　生命大躍進　脊椎動物のたどった道』（国立科学博物館、NHK、NHK プロモーション）

『imidas Special Issue　人類の起源』馬場悠男　監修（集英社）

『137億年の物語　宇宙が始まってから今日までの全歴史』
クリストファー・ロイド著　野中香方子　訳（文藝春秋）

『生物ミステリーPRO　石炭紀・ペルム紀の生物』土屋健著（技術評論社）

『生物ミステリーPRO　三畳紀の生物』土屋健著（技術評論社）

『生物ミステリーPRO　ジュラ紀の生物』土屋健著（技術評論社）

『生物ミステリーPRO　白亜紀の生物　上巻』土屋健著（技術評論社）

『生物ミステリーPRO　白亜紀の生物　下巻』土屋健著（技術評論社）

川崎悟司　かわさき・さとし

1973年、大阪府生まれ。古生物、恐竜、動物をこよなく愛する古生物研究家。近年では人気古生物イラストレーターとしても活躍中である。2001年、生物のイラストを時代・地域別に収録したウェブサイト「古世界の住人」を開設。個性的で今にも動き出しそうな古生物たちのイラストに人気が高まる。また古生物や現代生物、未来の生物までを骨格や進化から考察することにも定評がある。おもな著書に『絶滅した奇妙な動物』、『絶滅した奇妙な動物２』（ともにブックマン社）、『ウマは１本の指で立っている！くらべる骨格 動物図鑑』（新星出版社）、『カメの甲羅はあばら骨 人体で表す動物図鑑』（SBクリエイティブ）などがある。

ドラゴンは爬虫類《はちゅうるい》

骨格《こっかく》と進化《しんか》から読《よ》みとく 伝説動物《でんせつどうぶつ》の図鑑《ずかん》

2021年11月５日　第１刷発行
2022年12月５日　第２刷発行

著者　川崎悟司《かわさきさとし》
発行者　佐藤靖
発行所　大和《だいわ》書房
東京都文京区関口1-33-4
03-3203-4511
ブックデザイン　AD　渡邊民人（TYPEFACE）
D　清水真理子（TYPEFACE）
イラスト　川崎悟司
本文印刷　光邦
カバー印刷　歩プロセス
製本　ナショナル製本

ISBN978-4-479-39371-9

http://www.daiwashobo.co.jp